中国方言民俗图典系列·第一辑

编委会

国家出版基金项目
NATIONAL PUBLICATION FOUNDATION

“十二五”国家重点图书出版规划项目

中国方言民俗图典系列·第一辑

主编 侯精一 李守业 曹志耘

西安方言民俗图典

邢向东 柯西钢 朱立挺 著

语文出版社
·北京·

图书在版编目（CIP）数据

西安方言民俗图典 / 邢向东，柯西钢，朱立挺著
. -- 北京 : 语文出版社，2014.12
（中国方言民俗图典系列. 第1辑）
ISBN 978-7-80241-536-2

Ⅰ. ①西… Ⅱ. ①邢… ②柯… ③朱… Ⅲ. ①官话－介绍－西安市②风俗习惯－介绍－西安市 Ⅳ. ①H172.2②K892.441.1

中国版本图书馆CIP数据核字(2014)第103033号

策划编辑 慈 舒 傅雪梅
责任编辑 张双亭
装帧设计 奇文云海·设计顾问
出　　版 语文出版社
地　　址 北京市东城区朝阳门内南小街51号 100010
电子信箱 ywcbsywp@163.com
排　　版 奇文云海·设计顾问
印刷装订 北京顺诚彩色印刷有限公司
发　　行 语文出版社 新华书店经销
规　　格 787mm×1092mm
开　　本 1/16
印　　张 18.75
字　　数 353千字
版　　次 2014年12月第1版
印　　次 2014年12月第1次印刷
印　　数 1-1,500
定　　价 98.00元

010-65253954(咨询) 010-65251033(购书) 010-65250075(印装质量)

〔总 序〕

现代方言民俗文化是中华民族文化的延续、依托。它作为传统文化渗透、蔓延于当今社会生活的多个层面。现代方言民俗文化又是重要的非物质文化遗产资源。随着社会的快速发展，不少方言民俗已经消失或面临消失。因此，调查和挖掘这些非物质文化遗产资源，意义重大，时不我待。

“中国方言民俗图典系列”（第一辑）是2010年度国家出版基金资助项目，2011年列入“十二五”国家重点图书出版规划。第一辑共计十卷，涉及官话、晋语、吴语、徽语、粤语、平话、闽语、客家话等八个方言区。各卷内容主要包括房舍建筑、日常用具、服饰穿戴、饮食起居、农工百艺、婚育丧葬、岁时节令、游戏娱乐、宗教信仰等。

“百里不同风，千里不同俗，户异政，人殊服。”（《汉书·王吉传》）方言民俗是地域文化的重要内容，具有明显的地方性。以民居文化为例，各地多有不同，如北京的四合院，平遥的窑儿、四合头院、二（三）进院，汤溪的屋、老屋，梅州的围龙屋、碉楼，揭阳的四点金、下山虎。“中国方言民俗图典系列”融合现代方言与各地民俗文化，采用方言词语加注国际音标并配以图片的方法，反映和保存现代方言与其所承载的地方民风与民俗，是方言研究与民俗文化研究相结合的有益尝试。

城镇化的发展，势必带来传统村落的消亡，以及与此伴随的民俗文化的消失。“中国方言民俗图典系列”（第一辑）的出版，正是对濒临消失的“一种传统”“一种民族符号”以至“一种语音”的有效保存，无疑具有重要的历史意义与人文价值。以下略举数例：

在《平遥方言民俗图典》中收有“墙围子”“炕围子”两个条目及相关的文字说明和图片。

墙围子 [tɕyə^{13}uei^{31}tsʌʔ^{13}]　房间内墙壁上用油漆制作的装饰性彩色围墙。制作方法是，先以麻纸贴墙，绘画打底，再刷以油漆。其位置在第十八层墙砖之上，高约50厘米。（当地称作“十八层缠腰”）边框多以回纹组成，寓意“富贵不断头”。所绘内容多为山川景致、花卉人物及神话传说，如二十四孝图等。内涵丰富，寓意深厚。

炕围子 [kʰuə^{35}uei^{53}tsʌʔ^{31}]　沿炕用油漆制作的彩色围墙图画，既美观且实用，极具装饰性。制作方法及所绘内容与“墙围子”同。

“墙围子”“炕围子”又称作“民间墙围画”。墙围画始于宋代，发展于明清之交，至今流传于山西、陕西、内蒙古等地区。晋北原平县的墙围画素负盛名，中国美术馆曾予以收藏、展出。

从《平遥方言民俗图典》收录的条目与图片中还可看到平遥保存的以“卐”为标识的吉祥文化。如正月初八祭星蜡烛摆成的“卐”字、出殡时曾孙包头上的“卐”字等。“卐”，音wàn，梵文，意为吉祥万德之所集。（见《辞源》《辞海》）“卐”崇拜现象作为传统地域文化的缩影在今平遥随处可见。（冯良珍、陈晨《平遥民俗中的卐崇拜现象探析》，《中原文化研究》2014–2）

《汤溪方言民俗图典》有关于“五道太婆”的记载：“在笔者的家族中，也流传着一个‘五道太婆’[ŋ^{11}də^{11}tʰɑ^{24}bɤ^{0}]的传说，相传她是蛇精所化的神，擅搬运之术。”山西平遥方言有“五道爷”[uʌʔ^{53}tɔ^{35}iɛ^{13}]、“五道娘”[uʌʔ^{53}tɔ^{35}ȵiɑ^{13}]（传说中的神灵）。北京有五道庙，在西城区铁树斜街与樱桃斜街之间的路口处。五道神早在汉魏典籍中就有记载，唐宋以后对该神的信仰已深入民间，到明清时则更为普遍。（薛文礼、郭永平《晋北部落村的五道神：民间信仰的“冷热”反思》，《民族文学研究》2011–3）各地方言民俗有关五道神的不同说法，是宗教文化的历史积淀在不同地域文化中的显现。

“中国方言民俗图典系列”（第一辑）各卷的作者对当地方言文化素有研究，为做好本项目，于紧张的教学之余，多次下去进行调查、拍摄图片，几易其稿，备尝辛苦。限于篇幅，每卷只能选用一定数量的条目及相应的照片，其余只好割爱。我们期待这套书的出版，能引起社会对保存方言及方言民俗文化的关注，尽可能为后人留下一些珍贵的历史文化资料。

侯精一　李守业　曹志耘

于2014年初春

目录

〔引 言〕

一　西安

西安是陕西省的省会，是世界闻名的四大古都之一。

西安古称长安，又曾称西都、西京、大兴城、京兆府、奉元路等，明太祖洪武二年（1369 年）三月，大将军徐达进兵奉元路后，改奉元路为西安府，此后一直称“西安”。西安是国务院公布的第一批历史文化名城。

西安位于黄河流域中部的关中盆地，南北宽约 100 公里，东西长约 200 公里，辖境面积约 10000 平方公里，其中市区面积约 1000 平方公里。西安南面和东南面是秦岭山脉，与汉中、商洛接壤；西面以太白山地为界与宝鸡接壤；北面以渭河为界与咸阳、渭南接壤；东面与渭南接壤。西安市区共有灞河、浐河、潏河、滈河、皂河、沣河、渭河、泾河八条河流经过，古有“八水绕长安”之称。

西安现辖 9 区 4 县：新城区、碑林区、莲湖区、未央区、灞桥区、雁塔区（以上 6 区为西安主城区）、长安区、临潼区、阎良区、户县、蓝田县、高陵县、周至县。

截至 2012 年年底，西安市常住人口约 860 万人，境内人口主要是汉族，其次是回族，其他少数民族所占比例极少。回族人口约 6.5 万人，主要集中在莲湖区西大街以北、北大街以西的“回坊”一带。

西安历史极其悠久。她所在的关中渭河流域是中华民族和中华文化重要的发祥地，远古人口分布相对稠密，很早就出现了原始村落。大荔人、蓝田人遗址是旧石器时代的代表，半坡遗址、姜寨遗址等是新石器时代仰韶文化的代表。

自公元前 11 世纪的西周至公元 9 世纪末的唐代，西安在多数时期属于全国的政治、经济、文化中心，先后有西周、秦、西汉、新、东汉（献帝初）、西晋（愍帝）、前赵、前秦、后秦、西魏、北周、隋、唐等 13 个王朝在此建都，历时 1140 年之久。人们经常用“周秦汉唐”并称，以代表西安在中国历史文化中的重要地位。汉代长安的人口曾达到四五十万，唐代的长安则是当时世界上第一座人口超过百万的大城市，是著名的国际都会。宋元明时期，中国的政治中心东移，西安一直是西北地区的政治、经济、文化中心。清康熙六年（1667 年）陕甘分治后，西安是陕西省省会，从此成为陕西省的政治、经济、文化中心。

二　西安方言与民俗文化

西安方言属于中原官话关中片，是北方地区最古老的方言之一，也是周边地区最具权威性的方言。关中方言在历史上曾经长期作为汉语共同语的基础方言，对其他方言产生过巨大的影响。周代，“雅言的基础应该是王畿成周一带的方言”。（袁家骅等《汉语方言概要》第二版，文字改革出版社 1983 年）有人认为古长安话代表了汉、唐两代共同语的语音标准。西安方言及其所代表的关中方言是近代西北方言的重要源头，山西南部以及西北地区的中原官话，都曾受到西安方言强烈的影响。

西安方言有一套唇齿塞擦音、擦音[pf pfʰ f v]，部分方言有古端精见组字在齐齿呼韵母前合流的现象：钉=精=经[tɕiŋ^{21}]，听=清=轻[tɕʰiŋ^{21}]。西安方言中有不少特征性的词语，其中有的非常古老，例如善[tʂʰã^{53}]（好、合适、舒服）、嫽（好）、□[sɑ^{24}]（头、有人认为本字是“颡”）、遗（丢失）、立（站立）、毕（完）、碎（小）、惜（形容女子和小孩儿貌美、可爱）、争（厉害）、瓜（傻）、娃（小孩）、扎（表程度极高的副词），等等。西安方言语法上的显著特点是，少用程度状语，代之以程度补语，例如：嫽得很、美得很、脏得很，嫽得太（太）、美得太（太）、脏得太（太），嫽扎咧、整扎咧、累扎咧。

图0－1西安（李亮　摄）

有人以为今西安话保留了唐代长安话的特点，因此用西安话读唐诗比其他方言更顺口、更押韵，这是一种误解。事实上，大概在五代、宋朝以后，西安地区的方言经历了巨大的变化。从目前的研究成果看，今西安话中已不容易看到古代长安话的影子。西安话与普通话之间的差异，其实体现的是中原官话与北京官话之间的差异。从语音的存古性上说，关中方言可能比北京官话略胜一筹，但比起晋语和南方方言，它的存古性并不强。因此，不能说用西安话读唐诗比用其他方言读唐诗更押韵。因为西安话中古入声字的今韵母比北京话的读音更整齐，所以用西安话读唐诗时，只是遇到这部分字可能比北京话略微押韵一些。

西安地区是黄河文明的核心，历史文化积淀非常深厚。关中文化是农耕文化的典型代表，又在历史上吸收了北方少数民族的一些文化因子，形成了地域特色鲜明的生活方式和民间风俗，关中人将它们较为完整地保留、传承了下来，成为中华民族传统文化的宝贵财富。

文化艺术方面，西安地区有很多历史悠久、艺术成就很高的传统艺术形式，如丰富多样的民间社火，古老苍凉的秦腔，特色鲜明的老腔、皮影、眉户戏等。其他如面花、剪纸、农民画、布老虎等，在海内外影响巨大，成为关中乃至西北地区民间艺术的杰出代表。

岁时节令方面，在西安城区及郊县农村，人们仍然保留着较淳朴的节日传统。中华民族的很多传统节日，如春节、元宵节、二月二青龙节（豆豆节）、清明节、端午节、六月六天贶节（曝晒节）、中秋节、重阳节、十月一寒衣节、腊八节等，当地人都非常重视。

宗教信仰方面，西安地区民众自古就有信奉宗教和祭拜神灵的传统。佛教、道教、伊斯兰教、基督教在当地广泛传播，信徒众多；城隍爷、灶爷、龙王爷、财神爷、门神爷等神灵受到民间的尊崇，逢年过节，必定大祭。

饮食起居方面，西安饮食以面食最出名，□□[piaŋ^{24} piaŋ^{0}]面、裤带面、臊子面、浆水面、油泼面、麻食子、锅盔等，种类繁多。凉皮儿、肉夹馍、牛羊肉泡馍、蜂蜜凉粽子、柿子饼、甑糕等特色小吃，受到当地人和外地人的一致追捧。

在民居建筑、日常用具、农工百艺、服饰穿戴等方面，西安地区，尤其是郊县农村，仍然保留着很多传统的民俗事象，如偏厦子、地坑窑、拴马桩、胡墼墙反映传统民居特色，尺把锅、鏊锅子、大老碗、桶子锅、杌子是当地常见的日常用具，鬼市、井园子、请麦客记忆着独特的农工百艺，帕帕、虎头鞋、五毒裹肚则是地域特色鲜明的服饰穿戴。以上这些都成为西安乃至关中民俗文化的重要组成部分。

三　凡例

1.本图典的调查范围以西安城区（即新城、碑林、雁塔、未央、莲湖、灞桥）和长安区（西安的老郊区县）为主，少数特色鲜明的民俗现象也涉及长安区西临的户县一带。图片全部为实景拍摄。有些为世人熟知的景点、建筑，如钟楼、城墙、大雁塔、小雁塔等，不设条目。

2.图典共收民俗词语 500 条，图 616 幅。大多数条目一词一图，极少数条目只有文字，没有图片。少数条目有图两幅以上，目的是多角度、动态地展示某种民俗事象。

3.民俗词语用西安最通行的说法出条，其他说法在正文中说明。同主条有关的民俗词语在正文中出现，不另出条。

4.一律用国际音标注音。声调用数字标注实际的调值，轻声用“0”标注。儿化词注实际读音。

5.民俗词语写不出本字的，用“□”号代替，后面注音。

壹·房舍建筑

图1－1 西安的民居建筑

西安地区的民居建筑历史悠久，形态多样，诸如穴居式形态、四合院形态、夯土技术、城市格局的初步形成等均最早出现在这一地区。西安城区的民居建筑现已基本演变为现代化的楼房，与其他城市没有多大差异。农村地区的民居建筑特色鲜明，仍然较好地保存着传统的院落，很多地方还较完整地保存着明清时期的村落和民居。东部黄土塬区还保留了不少窑洞。

一　住宅

庄子 [pfaŋ^{21} tsɿ^{0}]

西安人把居住的院落统称“庄子”，完整的庄子包括“门房 [mẽ^{24} faŋ^{24}]”“院子 [yã^{55} tsɿ^{0}]”“厅房 [t^{h}iŋ^{21} faŋ^{24}]”“厦子 [sa^{53} tsɿ^{0}]”“正房 [tʂəŋ^{55} faŋ^{24}]”“后院 [xou^{55} yã^{55}]”。当地有俗谚描述庄子：“前厅房，后楼房，左右鞍间加门房。上房上厦子，前后两院子。”庄子没有固定的格式：有的没有门房，只有独立的大门；有的两侧厢房不是厦房而是“鞍间房 [ŋã^{21} tɕiã^{0} faŋ^{24}]”；有的有一进院子，有的有两进院子。大多数庄子在布局上一般南北长，东西短，正房阳光充足，院内空间较多地处于两侧房屋产生的阴影内。

图1-2 庄子（1）

图1－3 庄子（2）

独院儿 [tou^{24} yɐr^{55}]

“独院儿”指规模较小的庄子或只有一家人居住的院子，是西安地区普通民居的基本形式。独院儿结构比较简单，一般由门房（有的只有大门）、院子、厦子、正房组成。正房供长辈居住，厦子主要供晚辈居住或用作厨房，门房多用于会客、储藏，院子是主要的生活场所。院子一般以正房为中心，沿纵轴布置房屋。以前除了大宅子最后一排的正房和少数门房是楼房外，院子里多以平房为主。现在的院子里正房、门房盖成楼房的情况已很常见了。

图1－4 独院儿

图1－5 倒座

倒座 [tau^{55} tsuo^{53}]

“倒座 [tau^{55} tsuo^{53}]”即“门房 [mẽ^{24} faŋ^{24}]”，又称“街房 [kɛ^{21} faŋ^{24}]”“倒撅尻子 [tau^{55} tɕye^{24} kou^{21} tsɿ^{0}]”，处于院子入口处，正对着正房。倒座的功能不限于进出口的通道，也可住人。倒座前后都有屋檐，朝外的叫后檐，朝内的叫前檐。倒座外表庄重、简单，因为当地人有“财不外露”的讲究，所以大多没有窗户；有的在前梁下留小高窗；有的尽管留着窗户，但基本不开。

正房 [tʂəŋ^{55} faŋ^{24}]

“正房”指院子里位于最后一座的鞍间大房，是院落中的主体建筑。正房的明间叫“堂屋 [tʰaŋ^{24} u^{0}]”，主要供家庭成员聚会、会客、祭祀使用，两侧暗房一般为长辈住房。正房在整个院落中地位最突出，所以它的屋脊全院最高。

图1－6 正房

图1－7 站在厅房往院外看

厅房 [t^{h}iŋ^{21} faŋ^{24}]

“厅房”即客厅，主要起接待客人和连接前后院儿的作用。普通百姓人家宅院只有一进，门房多兼作会客使用；宅院没有修门房的，正房的明间兼作客厅。宅院有两进的，两进之间的正房是厅房。宅院有三进或更多的，厅房至少有两个：靠外的叫“过厅[kuo^{55} t^{h}iŋ^{0}]”，靠内的叫“退厅[t^{h}uei^{55} t^{h}iŋ^{0}]”。一般大户人家才有厅房。

图1－8 农村人家的厦子

图1－9 大户人家的厦子

图1－10 厦子的顶部结构

厦子 [sɑ^{53} tsɿ^{0}]

西安乃至整个关中方言都把院子两侧的厢房叫作“厦子”，又称“偏厦子[pʰiã^{21} sɑ^{53} tsɿ^{0}]”“厦房[sɑ^{53} fɑŋ^{24}]”“厦子房[sɑ^{53} tsɿ^{0} fɑŋ^{24}]”“单摆摆房[tã^{21} pɛ^{53} pɛ^{0} fɑŋ^{24}]”。厦子是当地人针对土质、气候所发明的一种建筑方式，屋顶一般是单坡，一面流水，较高的外侧兼作院墙，看上去像只盖了半边的房子。陕西八大怪中的“房子半边盖”指的就是厦子的建筑样式。

图1－11 鞍间房

图1－12 鞍间房的顶部结构

鞍间房 [ŋã^{21} tɕiã^{0} faŋ^{24}]

指人字形屋顶的房子，以屋脊为中心，往两边修出双坡顶，两面流水，因其形似马鞍，所以叫“鞍间房”，也叫“大房[tɑ^{55} fɑŋ^{24}]”，又叫“二边盖[ər^{55} piã^{21} kɛ^{55}]”。西安一带除部分民居的两侧厢房是单坡顶的“厦子”外，正房、街房、厅房等大都是“鞍间房”。

图1－13 院子

图1－14 灶房一角

院子 [yã^{55} tsɿ^{0}]

由正房、厦子和倒座（或围墙）合围而成，是休闲、晾晒东西、办红白喜事等的重要场所，一般民居都有院子。

灶房 [tsau^{55} faŋ^{24}]

西安地区把厨房叫"灶房"，其中的设施通常包括灶、风箱、灶神龛、水缸、米缸、案板、碗柜等。

火炕 [xuo^{53} k^{h}aŋ^{55}]

"火炕"一般由砖砌成，有的也用土坯砌成，称为"土炕[t^{h}ou^{53} k^{h}aŋ^{55}]"。炕下面有炕洞，炕洞有烟筒和炕道通往墙外，用来添加柴、炭，其中烧柴的叫"柴炕[ts^{h}ɛ^{24} k^{h}aŋ^{55}]"，烧煤的叫"炭炕[t^{h}ã^{55} k^{h}aŋ^{55}]"。有的炕洞和灶膛相连，利用做饭烧水的热量取暖，叫"锅头连炕[kuo^{21} t^{h}ou^{24} liã^{24} k^{h}aŋ^{55}]"，又称"连灶炕[liã^{24} tsau^{55} k^{h}aŋ^{55}]"。现在西安郊区农村火炕仍比较常见。

图1－15 火炕

图1－16 连灶炕

图1－17 建在墙外的烟筒和灶门

图1－18 靠崖窑

窑洞 [iɑu^{24} tuŋ^{55}]

“窑洞”是黄土塬区居民的特殊居住形式，西安市长安区及蓝田、临潼等地窑洞很多。黄土塬区土层厚且坚硬，当地人利用地形，在黄土层凿洞而居。窑洞冬暖夏凉，对温度、湿度等方面的调节效果明显。西安地区的窑洞一般有“靠崖窑[kʰɑu^{55} ŋɛ^{24} iɑu^{24}]”（靠崖式窑洞）、“地坑窑[ti^{55} kʰəŋ^{21} iɑu^{24}]”（下沉式窑洞）、“明箍窑[miŋ^{24} ku^{21} iɑu^{24}]”（独立式窑洞）等形式，其中靠崖窑较多。西安城南曲江池附近的“王宝钏寒窑”遗址就是靠崖窑。

图1－19 窑洞内部

地坑窑 [ti^{55} k^{h}əŋ^{21} iɑu^{24}]

即下沉式窑洞，又叫“地坑庄子[ti^{55} k^{h}əŋ^{21} pfɑŋ^{21} tsɿ^{0}]”“暗窑[ŋã^{55} iɑu^{24}]”，主要分布在西安东郊台塬地带。一般是在黄土层较厚的平坦地带下挖，周围凿窑，供人居住和养畜禽，形成地下四合院式的窑洞院落。窑洞中的一孔留有门洞，设斜坡形通道升上地面。“地坑窑”是黄土塬区独特的建筑形式，在关中渭北、铜川一带比较常见，陕北地区则很少见。

图1－20 地坑窑（1）

图1－21 地坑窑（2）

图1－22 地坑窑通往地面的通道

图1－23 大门（1）

图1－24 大门（2）

大门 [tɑ^{55} mẽ^{24}]

院子的门，又称“院门[yã^{55} mẽ^{24}]”，由门扇、门框、门枕石（门墩）、门槛等组成。大门很有讲究，尤其是大户人家的大门，象征着主人的身份、地位、财富，多修得高大威猛、富丽堂皇。普通人家的大门多随墙而建，如果院子有“倒座”（门房），倒座的门兼作大门。

廊门 [lɑŋ^{24} mẽ^{24}]

位于廊檐和庭院之间的门，一般设于廊檐两端。廊门实用功能较多，可以方便家人在院落中行走。

图1－25 廊门

图1－26 门帘架

图1－27 门帘架上的装饰

门帘架 [mẽ^{24} liã^{24} tɕiɑ^{55}]

安装在门外面用来悬挂门帘的装置，由横披、楣子、帘架等组成。夏季挂竹帘，冬季挂棉帘。大户人家的门帘架还起装饰的作用，非常精美，有龙头、凤头、如意等多种造型。

图1－28 匾额（1）

匾额 [piã^{53} ŋei^{21}]

“匾额”又称“牌额[pʰɛ^{24} ŋei^{21}]”“匾[piã^{53}]”“额[ŋei^{21}]”，是大门上的牌匾。材质有木质、石质、砖质等，形状有长方形、扇形等。本地的自建房屋，几乎家家有匾额。现代民居的牌匾多为瓷砖，写着“家和万事兴”“福为平贵为和”“万福照千秋”“天赐百福”“勤和家兴”之类。匾额是民居的重要组成部分，既起到装饰的作用，又寄托了主人的良好愿望。

图1－29 匾额（2）

图1－30 雕刻成石鼓的门墩

图1－31 雕刻成石狮的门墩

门墩 [mẽ^{24} tuẽ^{21}]

“门墩”即大门门轴底部的石墩，又称为“门枕石[mẽ^{24} tʂẽ^{53} ʂʅ^{24}]”，除了能固定门轴，还有装饰的作用。门墩在大门内的部分一般不加装饰，在大门外的部分则比较讲究，大多雕刻成“石狮[ʂʅ^{24} sʅ^{21}]”，有的雕刻成“石鼓[ʂʅ^{24} ku^{53}]”。

拴马桩 [fã^{21} ma^{53} pfaŋ^{21}]

“拴马桩”是用来拴马的石条，立于大门两侧，又称“洋桩[iaŋ^{24} pfaŋ^{21}]”“看桩[kʰã^{55} pfaŋ^{21}]”等。拴马桩下部是方形石条，顶部多雕刻出狮子、麒麟、猴子、寿星、驯兽人等造型。拴马桩造型丰富，不仅可以拴马，还有装饰庭院、镇宅避邪的作用。

图1－33 拴马桩顶部的石狮

图1－32 门口的拴马桩

图1－34 上马石

上马石 [ʂɑŋ^{55} mɑ^{53} ʂʅ^{24}]

供出行上下马用，立于大门两侧，拴马桩附近。大户人家的上马石常刻有精美的图案。

饮马槽 [iẽ^{55} mɑ^{53} ts^{h}ɑu^{24}]

用整块大石雕刻出的用来喂马的石槽。一般的饮马槽比较简单，大户人家的饮马槽多雕刻出祥云、神兽等图案。

图1－35 简单的饮马槽

图1－36 雕刻有复杂图案的饮马槽

太平缸 [t^{h}ɛ^{55} p^{h}iŋ^{24} kɑŋ^{21}]

西安民居中，庭院的角落往往放有消防用的水缸，称为“太平缸”。因当地河流较少，一旦发生火灾，取水不方便，百姓便在院落中放置大型水缸承接雨水，储存以备灭火之用。太平缸有石制、陶制、金属制等，缸体通常刻出神兽、人物、山水、植物等图案。

图1－37 石制的太平缸

图1－38 金属制的太平缸

图1－39 高窗（1）

图1－40 高窗（2）

高窗 [kau^{24} pfʰaŋ^{21}]

西安民居的街房多数是不开窗户的，如果要开，就在街房墙上位置较高的地方开设一个尺寸较小的窗户，这种窗户叫作高窗。

气窗 [tɕʰi^{55} pfʰaŋ^{21}]

“气窗”又称“通风窗[tʰuŋ^{24} fəŋ^{24} pfʰaŋ^{21}]”，是一种开在房屋墙面“仰尘”（天花）以上的小窗，一般用瓦片或花砖砌成，尺寸较小，主要作用是通风换气。

图1－41 气窗

图1－42 简单的窗棂

图1－43 复杂的窗棂

窗棂 [pfʰaŋ^{21} liŋ^{24}]

“窗棂”即窗框里横竖交叉的木条。窗棂的式样非常丰富，有中心式、无中心式、多中心式、文字式、图案式等。普通百姓家的窗棂多采用无中心式，非常简单。

索子 [suo^{21} tsɿ^{0}]

“索子”即门笺、门花。索子一套五张，多在春节等重大节日贴在门楣或窗楣上。索子整体为长方形，下带花边，上层是红纸剪出的图案，下层是黄纸，底纹图案多为方孔钱纹、水波纹等，中心为福禄寿喜、万事如意、福等字。

图1－44 贴在门楣上的索子

图1－45 贴在窗楣上的索子

图1－46 窗花儿

窗花儿 [pfʰaŋ^{24} xuɐr^{21}]

春节或有喜事时贴在窗户上的剪纸。关中地区的剪纸艺术非常发达，窗花儿十分普及，受人喜爱。窗花儿剪纸的图案取材广泛，如花鸟鱼虫、神话戏剧人物、日常生活等。西安地区村镇腊月的集市上，随处可见卖各种索子、窗花儿的小贩。

照壁子 [tʂau^{55} pi^{21} tsɿ^{0}]

“照壁子”又称“照墙[tʂau^{55} tɕʰiaŋ^{24}]”“影壁[iŋ^{53} pi^{21}]”，其位置一般与大门正对，可以位于院内，也可以坐落在院外，如屏风般独立。照壁子的功能主要是遮挡宅内，保护隐私，驱魔避邪，挡风防病，此外还起装饰的作用。

图1－47 照壁子

伙墙 [xuo^{53} tɕ^{h}iaŋ^{24}]

指两家共用的墙，如两家院子背靠背盖起来的厦房，其中高坡顶的那一面墙就成了伙墙，又称“借墙[tɕie^{55} tɕ^{h}iaŋ^{24}]”。

马头墙 [ma^{53} t^{h}ou^{24} tɕ^{h}iaŋ^{24}]

“马头墙”又称“封/风火墙[fəŋ^{21} xuo^{53} tɕ^{h}iaŋ^{24}]”“防火墙[faŋ^{24} xuo^{53} tɕ^{h}iaŋ^{24}]”等，指高于两山墙屋面的墙垣，也就是山墙的墙顶部分，因形状酷似马头，故称“马头墙”。

图1－48 马头墙

歇檐 [ɕie^{21} iã^{24}]

房顶的前坡使用较长的檩和椽，伸出墙体一米左右，形成比较宽大的屋檐，称为“歇檐”。歇檐能遮住门前的走廊，可以避雨遮阳，下面可以晾晒粮食衣物，又称“歇阳[ɕie^{21} iaŋ^{24}]”。

图1－49 歇檐（1）

图1－50 歇檐（2）

仰尘 [ȵiɑŋ^{53} tʂʰẽ^{24}]

即民居室内的顶部装饰，建筑内部梁下的木构顶棚，一般和檐墙同高，用来遮蔽梁上的部分，又称“天花[tʰiã^{21} xuɑ^{0}]”，因有阻挡尘土的作用，故称“仰尘”。常见的仰尘有两种：一种是在木构顶上铺上薄木板（即天花板），并雕刻或绘出植物花卉、吉祥文字等图案；另一种是直接在木顶格上糊白纸、麻布等，在其表面绘上图案。第二种仰尘为普通民众广泛采用。

图1－51 烟筒

烟筒 [iã^{21} tʰuŋ^{0}]

灶房或火炕排烟的管道，里面连接着灶膛或炕洞，外面一般沿墙角而建，通往屋顶。也指冬天铁炉子上安装的铝、铁制烟筒。

锅头 [kuo^{21} tʰou^{0}]

西安话把灶台叫“锅头”。锅头以前多用碎石和胡墼砌成，现在多用砖头砌成。好的锅头既要省柴草，还要好烧，不倒烟，并要结实好看。修砌灶台叫“盘锅头[pʰã^{24} kuo^{21} tʰou^{0}]”，它是一项技术要求很高的手艺，有“齐不齐，一把泥”的说法。

图1－52 锅头（1）

图1－53 锅头（2）

图1－54 耍头（1）

耍头 [fɑ^{53} t^{h}ou^{0}]

因建筑需要，有时候院墙墙头会伸到房檐以外，伸出来的这段墙头被称为“耍头”，又称“墀头[tʂ^{h}ʅ^{21} t^{h}ou^{0}]”。耍头起着连接前后屋檐与山墙墙体的作用，其造型精美，是民居中最具审美效果的部分。

图1－55 耍头（2）

图1－56 井台

图1－57 砌成台子的井台

井台 [tɕiŋ^{53} tʰɛ^{24}]

辘轳井井口周围的台子。简单的井台就是一块儿凿出圆形井口的大石盘，上面架着辘轳架；讲究的井台用砖砌成台子，用来安装辘轳，有的还要砌上龙王神龛。

辘轳 [lou^{21} lou^{0}]

取井水的工具。辘轳的主体为一段圆木，做提水时缠绞之用，上系井绳；圆木中间插着一根轴，固定在支架上；圆木的一端装有把柄。打水时转动把柄，即可将系着水桶的井绳拉起。

老鸹嘴子 [lau^{53} ua^{0} tsuei^{53} tsɿ^{0}]

铁制的带两个脚的小环，钉在门框上，用来挂门闩或锁子。

圪台沿儿 [kʰɯ^{24} tʰɛ^{21} iɐr^{24}]

西安地区把屋檐下面高出地面的台子叫“圪台沿儿”，又叫“房檐舌舌[faŋ^{24} iã^{24} ʂɤ^{24} ʂɤ^{0}]”。上面可以晒粮食等。前面图 1–13、1–49、1–50 中都可看到圪台沿儿。

图1－58 辘轳

晒台 [sɛ⁵⁵ tʰɛ²⁴]

供晒衣服、粮食或乘凉使用的露天平地，多设在院子正中，有的也在楼房的房顶。

茅子 [mɑu²⁴ tsɿ⁰]

即旱厕所。农村的茅子多建在后院，附近一般是菜地或猪圈、羊圈。讲究的茅子有较大的粪坑；简陋点儿的粪坑很小，需要用干土掩埋粪便，并定期清理粪坑。如今城镇民居都使用现代化的冲水式厕所，茅子在农村还普遍使用。

图1－59 茅子外观

图1－60 茅子内部

地窨子 [ti⁵⁵ iẽ⁵⁵ tsɿ⁰]

即地窖。"地窨子"的主要用途是储存蔬菜、粮食等，解放前也用来躲避土匪。

二　其他建筑

戏楼 [çi⁵⁵ lou²⁴]

“戏楼”既是演戏用的场所，也是村民召开大会的地方，又叫“戏台[çi⁵⁵ tʰɛ²⁴]”。西安地区规模大的村镇一般都会有戏楼，逢年过节这里有各式演出，周围聚满商贩，异常热闹。

瞭望塔 [liau²⁴ vaŋ⁵⁵ tʰa²¹]

“瞭望塔”为村落安全而建，一般建在“堡门（寨门）”附近，呈小楼或塔的形式。堡门（寨门）的门楼也可兼作瞭望塔。瞭望塔现在已经没有瞭望的作用，而成为村镇的一处景观。

图1－61 戏楼

图1－62 瞭望塔

图1－63 堡门（1）

图1－64 堡门（2）

堡门 [pu^{53} mẽ^{24}]/**寨门** [tsɛ^{55} mẽ^{24}]

西安乃至整个关中把村子叫作“堡子[pu^{53} tsɿ^{0}]”“寨子[tsɛ^{55} tsɿ^{0}]”，很多村镇都以“堡”“寨”命名，如：木塔寨、任家寨、温国堡、北张堡。这些村落一般都有独立的具有防御功能的堡门或寨门，有的至今仍保留着，非常雄伟壮观。

巷门 [xɑŋ^{21} mẽ^{24}]

“巷门”即位于巷子两头的门，有的是可以活动的木栅。巷子里居住的人家一般是同宗近亲，为了防盗，在门前的巷子两头设门，有专人看守。

胡墼 [xu^{24} $tɕ^hi^0$]

“胡墼”是西安乃至整个关中地区一种独特的土坯墙体材料，用当地常见的黏土、灰土或黄土，拌入干草（也可不加干草）后和成泥浆，灌入模子，阴干后即成。也有简单的，直接将地里面的湿土放入木制的模子里砸实，取出垒起来晾干后形成土坯。这种土坯防冷、隔热、防火、隔音，用它盖的房子冬暖夏凉，很受当地百姓喜爱。制作胡墼的过程叫“打胡墼[$tɑ^{53}$ xu^{24} $tɕ^hi^0$]”，又称“打土墼[$tɑ^{53}$ t^hou^{53} $tɕ^hi^0$]”。宁夏、甘肃、山西等地也有这种土坯制作工艺。

图1－65 胡墼

图1－66 胡墼墙

三　建筑活动

祀土 [sɿ^{55} tʰou^{53}]

指盖房时祭拜土地神的仪式。祀土又称“动土[tuŋ^{55} tʰou^{53}]”“破土[pʰo^{55} tʰou^{53}]”，在建房的第一道程序——动工挖土前，一般要请风水先生选择黄道吉日，在吉日摆上香案和贡品，放炮、烧纸、叩头、上香，祭拜土地神，待所有程序完成后才能动工。

打磉 [ta^{53} saŋ^{53}]

西安人把打地基称作“打磉”或“追磉[pfei^{21} saŋ^{53}]”，“磉[saŋ^{53}]”即地基。打地基之前需要选择黄道吉日，并挂筛子、竖犁铧以驱邪避凶。“打磉”一般用夯，也可以用锤子。

上梁 [ʂaŋ^{55} liaŋ^{24}]

“上梁”在西安地区又叫“立木[li^{24} mu^{21}]”“浇梁[tɕiau^{21} liaŋ^{24}]”，是建房的重要程序和高潮阶段。上梁要选择黄道吉日，并事先通知亲朋好友。客人会携带鞭炮和其他贺礼到场祝贺，叫作“蘸梁[tsã^{55} liaŋ^{24}]”。上梁要等到午时，一番祭拜后，在鞭炮声和喝彩声中把贴有八卦神符以及写有各种祝福语的大梁吊起，安放在房柱上固定好。现今农村大多盖砖房，没有上梁这道程序，但在给房顶架水泥板或打水泥现浇时，场面也非常隆重。

烘房 [xuŋ^{21} faŋ^{24}]

即房屋或窑洞建成、迁入新居的时候，亲朋好友上门祝贺。“烘房”又叫“烘庄子[xuŋ^{24} pfaŋ^{21} tsɿ^{0}]”“烘窑[xuŋ^{21} iau^{24}]”。烘房时亲友需带上礼品、匾额等，还要在房前燃放鞭炮。有的地方烘房很有讲究，或摆上香案、敬拜家神，或敲锣打鼓、驱赶鬼魅。

图1－67 贴着神符的大梁

贰·日常用具

图2－1 鏊锅子

日常用具包括灶具、卧具、桌椅板凳、箱子柜子及其他生活用具，是家居环境中的重要组成部分。西安地区的日常用具有关中地区家具的典型特色，多以黑色为主色，形式庄重、稳健、粗犷、大气，不讲究过多的修饰。现存的老式家具多分布在一些古村镇和老民居中。

一　炊具

炉子 [lou^{24} tsɿ^{0}]

指当地秋冬季节常用的一种铁炉子，安在厅里或卧室里，上连烟筒。一边烧水，一边取暖。

炉齿子 [lou^{24} ts^{h}ɿ^{0} tsɿ^{0}]

“炉齿子”是放置在锅炉或普通煤炉中过滤灰渣的铁栏，中间留有缝隙。又叫“炉条[lou^{24} t^{h}iɑu^{24}]”“炉箅子[lou^{24} pi^{55} tsɿ^{0}]”。

图2－2 炉子

图2－3 炉齿子

火筷子 [xuo^{53} $k^hu\varepsilon^{55}$ $ts\text{ʅ}^{0}$]

用来夹柴炭或通火的工具，铁制，两根，长约半米，形状像筷子，后端用铁链子连起来。

圪杈棍 [$k^h\text{ɯ}^{21}$ $ts^h\text{ɑ}^{0}$ $ku\tilde{e}^{53}$]

当地百姓把用来捅炕洞中的煤或柴火的棍儿叫“圪杈棍”，一般用不易燃的木材制成，前端呈“丫”形。

风箱 [$f\text{əŋ}^{21}$ $x\text{ɑŋ}^{0}$]

也叫“风匣 [$f\text{əŋ}^{21}$ $x\text{ɑ}^{0}$]”，是厨房中炉灶的吹火工具，由木箱、活塞、拉杆构成。风箱一般装在灶膛侧面。现在许多人家的炉灶已改用鼓风机，风力更大，使用更方便。

图2－4 圪杈棍

图2－5 风箱

图2－6 前锅（一个）/ 后锅（一个）

图2－7 前锅（两个）/ 后锅（一个）

前锅 [tɕ^{h}iã^{24} kuo^{21}] **/后锅** [xou^{55} kuo^{21}]

西安民居的厨房中一般有两三个锅，靠外的锅叫作“前锅”，靠近烟筒的锅叫作“后锅”。前锅比后锅大，方便操作，多用来烩菜、蒸煮等，后锅多用来烧水。

尺把锅 [tʂ^{h}ʅ^{21} pɑ^{0} kuo^{21}]

“尺把锅”指直径一米以上、深一尺以上的大锅。尺把锅不能炒菜，只能用来蒸煮和下面。又叫“尺把铛[tʂ^{h}ʅ^{21} pɑ^{0} tʂ^{h}əŋ^{21}]”。

图2－8 尺把锅

图2－9 用尺把锅下面

甑笆 [tɕiŋ^{53} pɑ^{0}]

架在蒸锅中放食物的箅子。有两种，一种用竹篾编成，一种用薄木片编成，蒸汽可以从竹篾或木片之间的缝隙冒出。

图2－10 甑笆

锅撑子 [kuo^{24} ts^{h}əŋ^{21} tsɿ^{0}]

架在蒸锅内的木质撑子，上面放置箅子。有的蒸锅（如“尺把锅”）太大，直接在箅子上放东西容易把箅子压塌，所以必须把箅子放到锅撑子上。小的蒸锅不需要锅撑子。

图2－11 锅撑子

支隔 [tsɿ^{21} kɤ^{0}]

尺把锅较深，可架两三层甑笆，将甑笆与甑笆隔开的长方形小木墩就是“支隔”。根据所蒸食物的大小、多少以及隔层的多少可以调整支隔的位置、数量和方向。

图2－12 放在甑笆上的支隔

锅盖撑子 [kuo^{21} kɛ^{55} ts^{h}əŋ^{21} tsɿ^{0}]

“锅盖撑子”用木头制成，一般呈“丫”形，下有支脚。放在锅边，临时用来放锅盖，既方便又卫生。

图2－13 锅盖撑子

汆子 [tsʰuã^{21} tsɿ^{0}]

“汆子”有两种：一种是常用的烧水工具，一般用白铁皮制成，细圆柱形，上端有把，可以插入炉子火口里，烧水比水壶快。另一种是装醋、油等的瓷质器皿，颈部比较细，上端带把。

鏊锅子 [ŋau^{55} kuo^{21} tsɿ^{0}]

也称“鏊子[ŋau^{55} tsɿ^{0}]”，烙“白吉馍[pei^{24} tɕi^{0} mo^{55}]”（一种发面的烙饼，见“饮食起居”）的一种特制烘炉，铁制，圆形，分三层，所以又叫“三扇鏊[sã^{21} ʂã^{55} ŋau^{55}]”“三层鏊[sã^{21} tsʰəŋ^{24} ŋau^{55}]”。上鏊像个平底锅，鏊面较小；中鏊用三根铁条吊起盖在底鏊上，可以移动，上面架着炭火；底鏊较深，像一个凹形烘炉，周围用耐火泥铺边。底鏊火力小，上鏊火力大。烙饼时先将饼坯放在上鏊上，用大火烘烤几分钟，进一步发酵和成形，然后再放到下鏊慢慢烤熟。烤时还需要不停翻转，即所谓“三翻六转”。

图2－14 用鏊锅子烙白吉馍

图2－15 把饼坯放在底鏊烘烤

图2-16 用老碗吃裤带面

图2-17 老碗

老碗 [lɑu²¹ uã⁵³]

“老碗”即吃饭用的大瓷碗，是西安乃至整个关中地区的代表性餐具。老碗一般由粗瓷制成，个头很大，质地粗糙，口径相当于普通的盘子，高度至少在一拃以上，有的甚至大如小盆。老碗多用来吃面，盛上饭以后需托住碗底，手劲小的人几乎端不动。比老碗略小的碗叫“二老碗子[ər⁵⁵ lɑu²¹ uã⁵³ tsɿ⁰]”。还有一种老碗叫“把把儿老碗[pɑ⁵⁵ pɐr⁰ lɑu²¹ uã⁵³]”，比老碗还大，口和底一样大，下面带着比较长的把儿。

筷笼 [kʰuɛ⁵⁵ luŋ²⁴]

盛放筷子的器具，又称“箸笼子[pfu⁵⁵ luŋ⁰ tsɿ⁰]”。筷笼过去大多是用木头做的，现在的筷笼则多为塑料筷笼。

图2-18 筷笼

图2－19 高锅

高锅 [kɑu^{24} kuo^{21}]

“高锅”是西安农村特有的一种炊具，一般由四个大锅构成，分别安放在四级铁架子上，大锅下面的炉膛从最低处直通最高处。高锅常在婚丧嫁娶等场合用来做“臊子面”。四个锅的用途不同：最下面一个高度齐腰，常用来炒制臊子；上面三个分别用来准备辅料、烧水下面等。

执壶子 [tʂʅ^{21} xu^{24} tsɿ^{0}]

装热酒的大壶，主要作用是在宴席上给每桌的酒壶里倒酒。

茶缸子 [tsʰɑ^{24} kɑŋ^{21} tsɿ^{0}]

比较深的茶杯，带把，口和底一样大，多为搪瓷制品。

瓦铙 [uɑ^{53} nɑu^{24}]

盛饭用的器具，泥制或陶制，比碗稍大、稍浅。

图2－20 马勺（1）

图2－21 马勺（2）

马勺 [mɑ^{53} ɕyo^{24}]

一种大瓢，用来舀水或粮食等的器具，多是将葫芦剖为一半制成，也有用木头制成的。现在的马勺多绘上脸谱或其他图案，挂在家里，有观赏的价值，逐渐成为一种手工艺品了。

甑 [tɕiŋ^{55}]/**桶子锅** [tʰuŋ^{53} tsɿ^{0} kuo^{21}]

“甑”是用来蒸甑糕的炊具，类似一个开口较大的木桶，又叫“桶子锅”。旧时多为木制，现多为铁制，底部有透气的孔格，整体放在大锅中蒸。这是一种非常古老的炊具，成语“甑尘釜鱼”中的“甑”就是指这种炊具。

图2－22 甑

图2－23 大肚子瓦瓮

图2－24 瓦瓮

瓦瓮 [ua^{53} uŋ^{55}]

厨房常见器皿，陶制，底小腹部大，多用于装面粉、大米等。又叫“老瓮[lau^{53} uŋ^{55}]”。

笼 [luŋ^{24}]

蒸食物的炊具，多为圆形，有盖。以前的笼多是用竹篾、木片等编制而成，现在的笼大都是铝制的。

笸篮 [p^{h}u^{24} lã^{0}]

用竹篾或柳条编的器具，口径比较大，深度较浅，有圆形的，也有方形的，主要用来晾晒粮食。笸篮与筛子外形相似，但不能过滤。

图2－25 铝制的笼

图2－26 圆形的笸篮

图2－27 方形的笸篮

图2－28 簸箕

簸箕 [po^{55} tɕi^{0}]

用竹篾、木条或藤条编成，很大，西安有些地方叫“撮子[tsʰuo^{21} tsɿ^{0}]”。整体呈梯形，口部较大，主要在粮食加工前用来扬米去糠、扬尘去杂。

罗罗儿 [luo^{24} luor^{0}]

一种小筛子，用竹条或木条编制而成，底部装有较细密的纱网，主要用来筛滤面粉等较细的东西。

图2－29 方形的罗罗儿

图2－30 圆形的罗罗儿

斗 [tou^{53}]

农村常见的量具，用来量粗粮，一斗盛十升。

图2－31 斗

火绳 [xuo^{53} ʂəŋ^{24}]

一种用来点火的绳子。绳体由毛栗子花或其他麻类植物编成，并用易燃液体（如硝酸）浸泡后烘干而成。火绳点着后能连续不断地阴燃以备点火，好的火绳阴燃时间长达半个月。火绳也可用来熏蚊驱虫。

图2－32 火绳

铡刀 [tsɑ^{24} tɑu^{21}]

农村用来给牲畜铡草料的工具。底座是一块中间带槽的长方形木块，槽的两侧是两片带齿的铁皮，齿的作用是防止填入的草滑动。刀的一头固定在底座上，可以上下活动，一头带有短把。铡草时一人填草，一人执刀，互相配合。

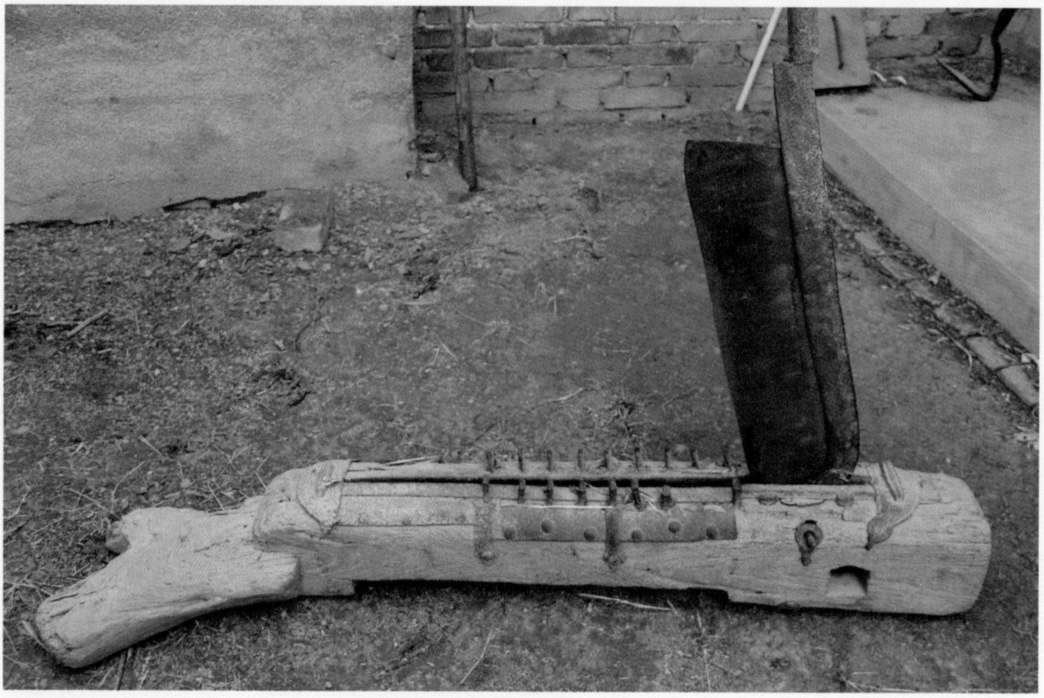

图2－33 铡刀

溜子 [liou^{55} tsɿ^{0}]

即漏斗。整体呈锥形，下带细管，可以伸进瓶口把液体或颗粒、粉末灌到小口容器里。

图2－34 架在锅上的饸饹床子

饸饹床子 [xuo^{24} luo^{0} pfʰaŋ^{24} tsɿ^{0}]

加工饸饹的工具，又称“压杆儿[ȵia^{21} kɐr^{53}]”。由主床、轴、压杠、木杵等组成：主床为铁制，用支架架在锅的正上方，前端有圆柱形的槽，内设漏网；压杠很长很粗，木杵在压杠前端，正对着漏网。压饸饹时抬起压杠，将和好的荞麦面团揪成剂子放入圆槽中，然后用力压压杠，面剂子就从床孔中挤出来，呈细长条状，待压到一定长度时用刀或筷子从下方截断，饸饹面即可均匀地下到锅里。饸饹床子整体可重达四五十斤，压饸饹时，人可以坐在压杠上，用身体的重量去压。今天也有简易的饸饹床子，类似于小压面机，适合在家中操作。

笊篱 [tsau^{55} ly^{0}]

类似漏勺，用竹篾或细柳条编成，呈网状，和专用的长筷配合起来捞面。现在传统的笊篱已经不多见了，取而代之的是铁丝编的笊篱。

图2－35 竹编的笊篱

图2－36 笊篱和长筷子配合捞面

碾槽子 [ȵiã⁵³ tsʰɑu²⁴ tsɿ⁰]

用来碾碎食物、草药等的工具，由碾盘和槽身两部分组成。碾盘呈圆盘状，中间固定着木柄，槽身中间有一条“V”形的槽，盛放料材。碾制时双手握住木柄，用碾盘反复滚动碾压槽中的东西。

窝窝儿 [uo²¹ uor⁰]

西安人把捣物的臼叫作“窝窝儿”。窝窝儿由方形或圆形的石头或木头凿成。使用时把材料放入凹坑内，用“锤锤儿（碓杵）”砸。窝窝儿常用来砸辣椒、芝麻、花椒、核桃等。

图2－37 窝窝儿和锤锤儿

图2－38 锤锤儿

二　卧具

架子床 [tɕiɑ^{55} tsɿ^{0} pfʰɑŋ^{24}]

“架子床”又称“罩床[tsɑu^{55} pfʰɑŋ^{24}]”，即带着床架、床罩的床。架子床有的简单，有的复杂。有的在床头两边和背面安有护栏；有的正面还带着做工精美的门罩，安有床帘。架子床一般是有钱人家用的，老百姓家多用土炕。

棕绷子 [tsuŋ^{24} pəŋ^{21} tsɿ^{0}]

即简易棕床，用棕绳在木床的框子上交叉绷成床面，不用木头床板。人睡在上面不太舒服。

图2－39 架子床

耳枕子 [ər²¹ tʂẽ⁵³ tsɿ⁰]

一种枕头，又称“引枕[iẽ⁵⁵ tʂẽ⁵³]”。枕头正中间有洞，侧卧时可以放耳朵，一般供小孩儿用。

被窝阁 [pi⁵⁵ uo²⁴ kɤ²¹]

一种放在炕头的家具，上边有面儿，可以放被褥，下边有抽屉，可以放杂物。类似现在的床头柜，但比床头柜大一点。

图2－40 被窝阁

三　桌椅板凳

图2－41 小炕桌

炕桌 [$k^haŋ^{55}$ pfo^{21}]

一种四腿较短小的桌子，多用于炕上或大床上，也可放在地上，又称为“炕几[$k^haŋ^{55}$ $tɕi^{21}$]”。

炕凳 [$k^haŋ^{55}$ $təŋ^{55}$]

放在炕上的凳子，比较长。炕凳的主要作用是放被子等床上用品。

图2－42 炕凳

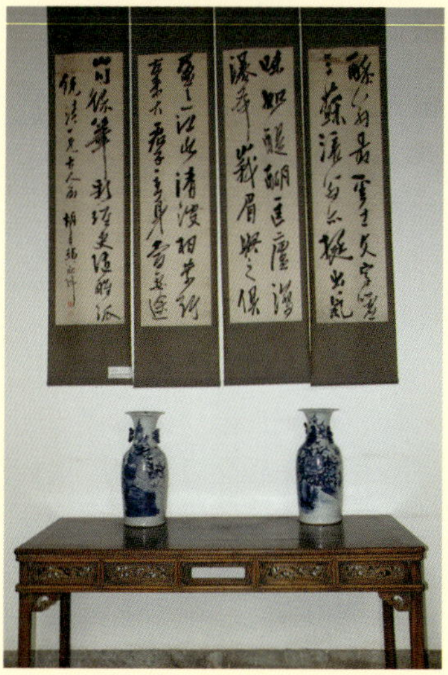

图2－43 花儿

花儿 [xuɑ^{21} tɕi^{0}]

又称“花台[xuɑ^{21} tʰɛ^{24}]”“花架[xuɑ^{21} tɕiɑ^{55}]”，较高，用来放置花盆、花瓶等。有方形、长条形、圆形等多种式样。

八仙桌 [pɑ^{21} ɕiã^{24} pfo^{21}]

正方形的桌子。大的叫“八仙桌”，一般放在客厅正中，小的叫“四仙桌[sɿ^{55} ɕiã^{24} pfo^{21}]”，主要做餐桌用。

图2－44 八仙桌

图2－45 太师椅

一头沉 [i^{21} t^{h}ou^{24} tʂ^{h}ẽ^{24}]

西安话把写字台叫“一头沉”，一头有柜子、抽屉，另一头没有。

太师椅 [t^{h}ɛ^{55} sɿ^{0} i^{53}]

一种带靠背和两侧扶手的大椅子。一般摆设在厅房的中央、八仙桌两侧，供上宾坐。有的太师椅做工细致讲究，堪称艺术品。

搭衣 [tɑ^{24} i^{0}]

搭在椅背上的装饰品。在逢年过节、祭拜庆典的时候，一般要给椅子套上搭衣。

图2－46 圆杌子

图2－47 方杌子

杌子 [u^{21} tsɿ^{0}]

“杌子”指一种没有靠背的、供一人坐的凳子，又称“杌凳子[u^{21} təŋ^{55} tsɿ^{0}]”。杌子分圆杌、方杌等。

马扎子 [mɑ^{53} tsɑ^{21} tsɿ^{0}]

“马扎子”是一种简易的小型坐具。四腿呈交叉状，坐面绷有帆布。不用时可以合拢，方便携带。

图2－48 马扎子

四　箱柜及其他用具

立柜 [li^{21} kuei^{55}]

一种柜子，柜体直立，较高。通常用来存放衣物等。在厨房也可以存放碗碟、醋酱之类，一般不放粮食。

图2－49 立柜

图2－50 放在厨房的立柜

卧柜 [uo^{55} kuei^{55}]

一种柜子，因形状长方形，所以叫“卧柜”，又因常用来储存粮食，故又叫“面柜[miã^{55} kuei^{55}]”。卧柜带四条短腿，上方设柜门，有的还在侧面或正前面的下部设活动的抽屉。

图2－51 卧柜

半截柜 [pã^{55} tɕiɛ^{0} kuei^{55}]

一种上半部分放衣服，下半部分放鞋子的立柜。

闷户柜 [mi^{21} xu^{55} kuei^{55}]

“闷户柜”外形像普通的桌案，桌面下有抽屉，抽屉下是对开门的柜子。

图2－52 闷户柜

角柜 [tɕyo^{21} kuei^{55}]

“角柜”横断面整体呈三角形，放在墙角，体积不大，可以最大限度地利用空间。

图2－53 角柜

图2－54 搁板架

搁板架 [kɤ²¹ pã⁵³ tɕiɑ⁵⁵]

一种简易的木架，又称“架板子[tɕiɑ⁵⁵ pã⁵³ tsɿ⁰]”。固定在墙上，其中的格子可以放小件物品，形状有点像小型的博古架。

亮格柜 [liɑŋ⁵⁵ kɤ²¹ kuei⁵⁵]

“亮格柜”是西安地区常见的一种柜子，多放于内室。下部是带门扇的柜子；上部做成亮格，通常摆放一些工艺品，类似于博古架。如果只有上半部分的亮格，就称为“架格[tɕiɑ⁵⁵ kɤ²¹]”，类似于“搁板架”。

图2－55 亮格柜

图2－56 顶柜

顶柜 [tiŋ^{53} kuei^{55}]

加放在普通立柜顶上的小柜子，长方形，无腿，对开。

箱架 [ɕiaŋ^{21} tɕia^{55}]

一种放木箱的支架。“箱架”支在炕头，上面放置木箱。既节省空间，又可以方便地拿取衣物。“顶柜”“箱架”都是在过去住房紧张、空间狭小的环境下创造的。

图2－57 箱架

脸盆架子 [liã^{53} pʰẽ^{24} tɕiɑ^{55} tsɿ^{0}]

用来放脸盆的架子，有的简陋，有的复杂，如今在西安农村还很常见。

棒槌 [paŋ^{55} pfʰei^{0}]

一种粗短木棒，常用于洗衣服时捶打浸湿的衣服。关中话常把不明事理、什么都不懂的人叫“棒槌”。

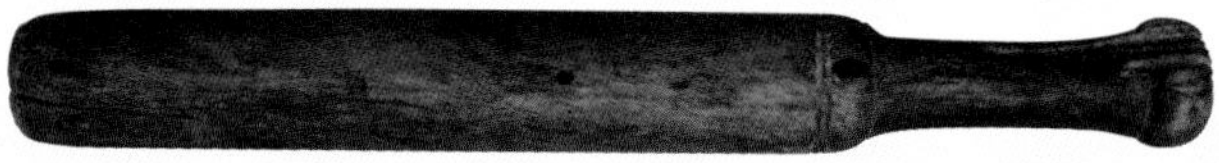

图2－59 棒槌

图2－58 脸盆架子

十不闲儿 [ʂʅ^{24} pu^{0} ɕiɐr^{24}]

固定在墙上用来挂衣服、帽子、雨伞、提包等物品的一种简易家具。以木板为底座，其上钉有钩子或钉子。

手炉 [ʂou^{53} lou^{24}]

旧时冬天暖手用的一种小炉，相对于脚火炉而言。手炉多为铜制，可以捧在手上。

图2－60 铜手炉

抱壶 [pau55 xu24]

保暖用的旧式茶壶。在茶壶外面包有一层棉套，用来保暖、防烫。

火老虎 [xuo53 lau21 xu0]

旧时放在被窝里用来取暖的工具。用两片瓦相对固定在一起，里面放着燃烧的木炭，非常简陋。

火盆 [xuo53 phẽ24]

一种特制的盛炭火的盆子，冬天用来取暖。火盆的形式很多，有独盆式、下盆上架式、内盆外网式等。

首饰盒 [ʂou53 ʂʅ21 xuo24]

老式的首饰盒都是木质的，外饰精美，内分很多小抽屉、小格子，用于放置首饰，有的还带有镜子。

图2－61 网式火盆

图2－62 首饰盒

图2－63 轿

图2－64 里面坐着新娘的轿

轿 [tɕiau^{55}]

一种靠人扛载而行的交通工具。在两根杠上安装上座椅或睡椅，可以加顶篷，也可以不加顶篷。西安旧时多用轿，今天农村少数人结婚的时候还用轿抬新娘。

五　运输工具

架子车 [tɕiɑ^{55} tsɿ^{0} tʂʰɤ^{21}]

“架子车”是西安乃至整个关中农村常见的生产运输工具之一。架子车的车架比较简易，两侧是两根车辕，中间用木板做成斗状，用来装东西；车轮可以拆卸，平时不用时可以把车架单独存放起来。车上装物较轻时架子车可以推，装物较重时要套住车架上的“襻绳[pʰã^{53} ʂẽ^{24}]”用力拉。

图2－65 架子车

图2－66 马拉车

马拉车 [mɑ^{53} lɑ^{24} tʂ^{h}ɤ^{21}]

由马、驴或骡子牵拉的两轮车，又称“拉拉子车[lɑ^{21} lɑ^{24} tsɿ^{0} tʂ^{h}ɤ^{21}]”。马拉车的车子一般比架子车大，主要用来拉货，也有的给车装上车篷坐人。

蹦蹦车 [pəŋ^{55} pəŋ^{0} tʂ^{h}ɤ^{21}]

即机动或电动三轮车，主要通行于城郊和乡村。车体前部一个轮子，后部两个轮子，行驶时车身稳定性差，容易颠簸，乘客上下起落，左右摇摆，故而得名。现也常见“豪华版”的蹦蹦车，车体用铁皮全部包裹起来。

叁·服饰穿戴

图3-1 帕帕头上戴（秦岭　摄）

西安地区传统的服饰穿戴不仅具有鲜明的实用性，如保暖性能优良的棉窝窝儿，便于穿脱的大襟衫，可以防风吹日晒的包巾、帕帕，还具有独特的审美情趣和信仰寄托，如精美的五毒刺绣、猫娃鞋、虎头暖袖等。

一　衣裤

大襟衫 [tɑ^{55} tɕiẽ^{0} sã^{21}]

一种传统的上衣款式，妇女穿得较多。大襟衫的左襟大，右襟小，纽扣偏在右侧。穿衣服的时候用左襟盖住右襟，用左手从上往下扣扣子。夹袄、棉袄都可以做成大襟衫。今天西安的偏远农村仍有老人穿大襟衫。

图3－2 博物馆橱窗里展出的大襟衫

图3－3 大襟衫

罩衣 [tsɑu^{55} i^{21}]

又叫“罩衫[tsɑu^{55} sã^{21}]”，穿在最外面罩住内衣或棉袄的衣物。老式的包括斜领对襟或圆领正襟等样式，现多指外套。

棉大氅 [miã^{24} tɑ^{55} tʂʰɑŋ^{53}]

当地冬天常见的一种外衣，类似棉风衣，宽大厚实，可以遮住膝盖，防寒效果很好。

纽门儿疙瘩 [n̥iou^{53} mər^{24} kɯ^{21} tɑ^{0}]

老式衣服如大襟衫、棉袄、夹袄的纽扣是用细布条织成的疙瘩扣和疙瘩环，其中扣门叫“纽门儿[n̥iou^{53} mər^{24}]”，扣子叫“疙瘩[kɯ^{21} tɑ^{0}]”，合称“纽门儿疙瘩”。纽门儿疙瘩可以盘成各种样式，成为传统服饰的特色装饰之一。

衬边 [$ts^{h}\tilde{e}^{55}$ $pi\tilde{a}^{21}$]

旧时多在衣服的领口、袖口、襟边等易损部位织成双层边，叫作“衬边”。

百家衣 [pei^{21} $tɕiɑ^{24}$ i^{21}]

一种寄托着长辈良好祝愿的儿童民俗服装，民间认为穿百家衣可以托长辈们的福健康成长。制作时需要从邻里各家讨要几块布片，然后将其拼合起来做成衣服。百家衣一般做成坎肩样式，色彩斑斓，非常好看。

图3－4 百家衣（孙立新　摄）

虎头围兜 [xu^{53} $t^{h}ou^{24}$ uei^{24} tou^{21}]

上面绣有老虎图案的小儿围兜。当地人认为老虎能避邪，故喜欢给鞋、帽子、鳖盖[$piɛ^{21}$ $kɛ^{53}$]（暖袖）等小儿衣物绣上老虎，有的还在老虎身上或周围绣上蛇、蝎、蜈蚣等毒虫强化避邪祛毒的效果。今天虎头鞋、虎头帽、虎头暖袖、布老虎等在整个关中乡间仍非常受欢迎，年节的集市中多有销售。

图3－5 绣有蜈蚣等毒虫的虎头围兜

裹肚 [kuo^{53} tou^{0}]

一种常见的贴身衣物，可以保护腹部不受凉。常用大红色绸布制成，整体呈菱形，上端有绳带，可以套头，两端有系绳，在背后绑住。成人裹肚多是花草图案，且有可以装钱的兜儿，儿童裹肚常绣上蛇、蝎、蜈蚣、蛤蟆等毒虫，以期驱邪避凶，又称“蛤蟆裹肚[$xɯ^{24}$ $mɑ^{0}$ kuo^{53} tou^{0}]”或“五毒裹肚[u^{53} tou^{24} kuo^{53} tou^{0}]”。西安很多地方讲究端午节时给外孙、外孙女送裹肚。

图3－6 绣有蛤蟆、蛇等毒虫的裹肚

哨码子 [sɑu^{55} mɑ^{21} tsɿ^{0}]

旧时人们出远门时，都要在肩上背一个长布袋，即褡裢，西安人叫“哨码子”。哨码子一般长约一米，中间开口，背时前后各有一个口。两边放上干粮、衣物等简单行李，可随时从开口处取出。哨码子和包袱的功能相同，只是束扎的方式不同。

铺衬 [pʰu^{21} tʂʰẽ^{21}]

做补丁或袼褙用的碎布或旧布。

穗子 [ɕy^{55} tsɿ^{0}]

用丝线、布条等扎成的挂起来下垂的装饰品，可以装饰在衣服或灯笼等物品的边缘。

围围儿 [y^{24} yər^{0}]

即“围嘴儿”，小孩儿系在脖子周围或胸前的布，多在吃饭时围，又叫“帘帘儿 [liã^{24} liɐr^{0}]”。

图3－7 围围儿

二　鞋帽

气眼儿鞋 [tɕʰi^{55} n̠ierr^{53} xɛ^{24}]

一种单鞋。鞋面从正中分为两半，每边有一排对称的“气眼儿[tɕʰi^{55} n̠ierr^{53}]”（鞋眼）用于穿鞋带。最初的气眼儿鞋为布面布底，后来逐渐发展到条绒鞋面、呢子鞋面，橡胶底、塑料底等。气眼儿鞋便宜、轻便、耐穿，防滑防尘，很受人们欢迎。

单梁儿鞋 [tã^{21} liãr^{24} xɛ^{24}]

一种常见的布鞋样式，鞋背正中有一条用窄布条缝起来的梁。把缝出两条梁的叫“双梁儿鞋[faŋ^{21} liãr^{24} xɛ^{24}]”。

泥屐子 [n̠i^{24} tɕi^{21} tsɿ^{0}]

泥屐子又叫“高脚马[kau^{24} tɕyo^{21} ma^{53}]”“泥淌子[n̠i^{24} tʰaŋ^{21} tsɿ^{0}]”等。西安农村常见的泥屐子是上面一块木板，形状像鞋底，钉有带子，可以固定脚板；下面钉两块竖起的木板当腿，高约十厘米。从侧面看，形状像一个没有一点的“六”字。雨雪泥泞时，绑在脚下可以踏泥。

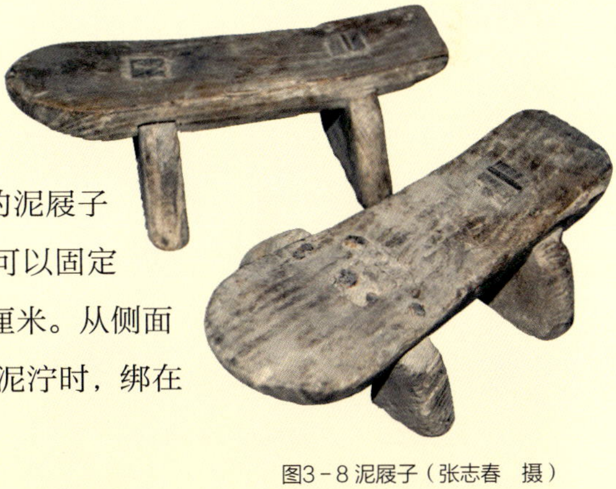

图3－8 泥屐子（张志春　摄）

油鞋 [iou^{24} xɛ^{24}]

一种布鞋。鞋底由多层布粘合而成，制作时每垫一层布就刷一层桐油，故名“油鞋”。油鞋的鞋底非常坚硬，厚近一寸，非常耐穿。现在有的地方也把用橡胶为原料制成的雨鞋叫作“油鞋”。

图3－9 做成虎头形状的棉窝窝

图3－10 棉窝窝鞋底的蜈蚣

棉窝窝 [miã^{24} uo^{21} uo^{0}]

西安及整个关中地区常见的一种厚棉鞋，鞋腰为双层，很高，里面装有棉絮，能护住脚腕和小腿，鞋底较厚，保暖性能非常好。小孩儿的棉窝窝常做成虎头形状，并在鞋底绣上蜈蚣、蝎子等毒虫以避邪。

虎头鞋 [xu^{53} t^{h}ou^{24} xɛ^{24}]

一种民间手工制作的童鞋，鞋头做成虎头模样，故称虎头鞋，又叫"猫娃儿鞋 [mɑu^{24} uɐr^{21} xɛ^{24}]"。也有把鞋头做成猪头模样的，即"猪头鞋 [pfu^{21} t^{h}ou^{24} xɛ^{24}]"。虎头鞋既有实用价值，也有观赏价值。民间认为虎头鞋有驱鬼避邪的功能，故在整个关中地区很受欢迎。

图3－11 虎头鞋

图3－12 猪头鞋

三　头饰

帕帕 [p^{h}ɑ^{21} p^{h}ɑ^{0}]

特指用来包裹头部的棉巾或丝巾，又称“头巾[t^{h}ou^{24}tɕiẽ^{21}]”“包巾[pɑu^{24} tɕiẽ^{21}]”。颜色多为黑色、棕色等，有方形的，也有长条形的，有的还有简单的花纹。戴法很简单，可以顶在头上，可以在脑后打个小结，也可以卡在发髻两边。帕帕既可防风、防尘、防晒，又可擦汗、擦手、包物品，在西安及整个关中地区使用非常普遍，尤其是农村地区的中老年妇女，常将帕帕顶在头上当帽子戴，故“陕西八大怪”中有“帕帕头上戴”。

图3－13 头戴帕帕的老太太

泡泡头 [p^hau^{55} p^hau^{0} t^hou^{24}]

当地一种传统的妇女头饰，将头发梳向脑后拢成圆团状，再插进簪子或篦梳。

络络儿 [luo^{21} $luor^{0}$]

即发网，妇女用来套头发的一种可以收束的网子。用细线织成，一般为黑色。

图3-14 泡泡头（刘锋 摄）

篦子 [pi^{21} $ts\eta^{0}$]

一种传统的梳头工具，用木头制成，中间是梁，两边是密齿，可以篦掉虱子、虮子、头发上的杂物。

图3-15 篦子

肆·饮食起居

图4－1 面条像裤带

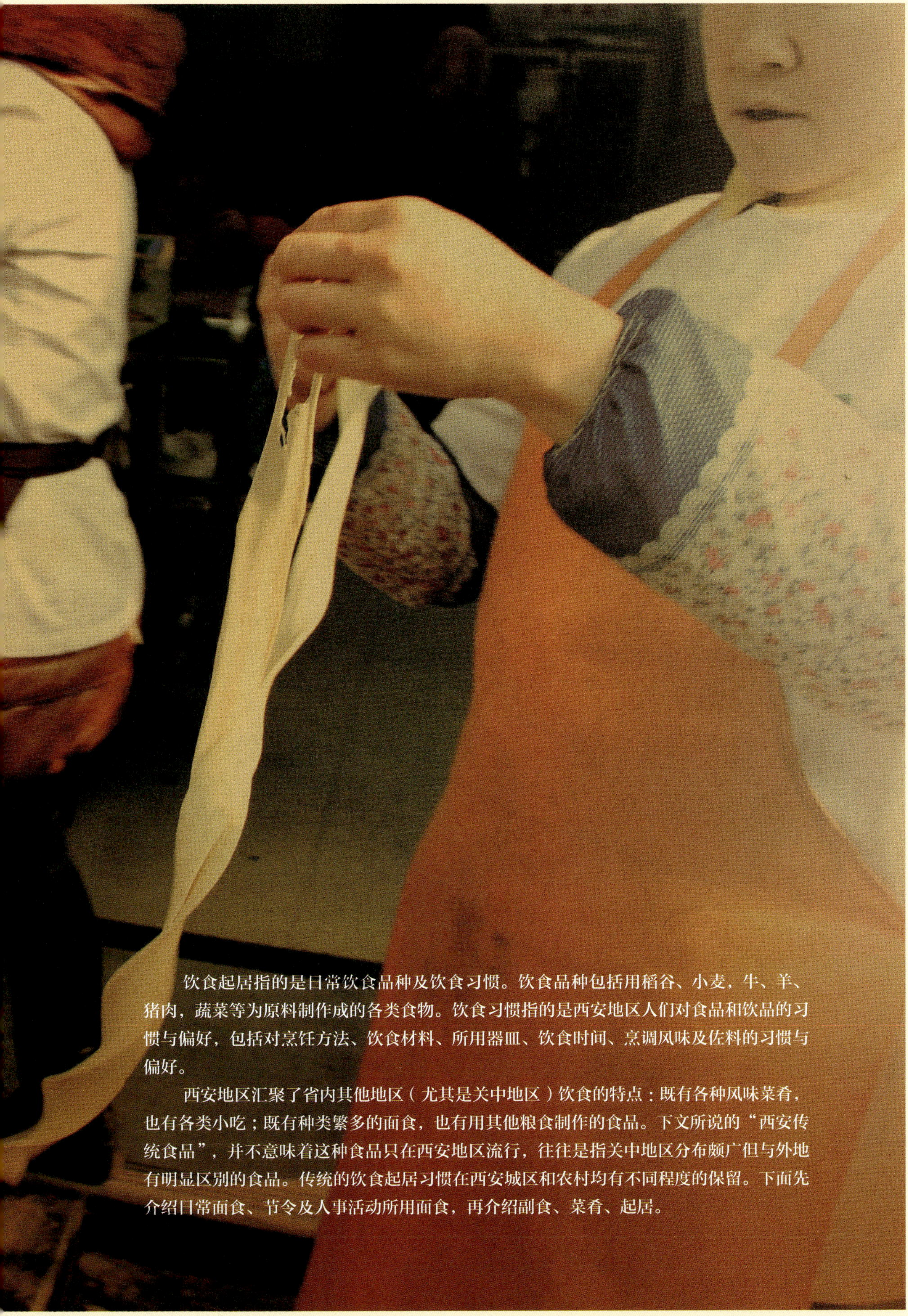

饮食起居指的是日常饮食品种及饮食习惯。饮食品种包括用稻谷、小麦，牛、羊、猪肉，蔬菜等为原料制作成的各类食物。饮食习惯指的是西安地区人们对食品和饮品的习惯与偏好，包括对烹饪方法、饮食材料、所用器皿、饮食时间、烹调风味及佐料的习惯与偏好。

西安地区汇聚了省内其他地区（尤其是关中地区）饮食的特点：既有各种风味菜肴，也有各类小吃；既有种类繁多的面食，也有用其他粮食制作的食品。下文所说的“西安传统食品”，并不意味着这种食品只在西安地区流行，往往是指关中地区分布颇广但与外地有明显区别的食品。传统的饮食起居习惯在西安城区和农村均有不同程度的保留。下面先介绍日常面食、节令及人事活动所用面食，再介绍副食、菜肴、起居。

一　主食

花馍 [xuɑ^{21} mo^{55}]

还有“花花馍[xuɑ^{21} xuɑ^{0} mo^{55}]”“面花[miã^{55} xuɑ^{21}]”等叫法，主要用于逢年过节亲朋之间互相馈赠，可以食用。制作时把小麦或其他杂粮面粉发酵，揉成面团，再捏成不同的形状，上笼蒸熟后点上各种颜色。花馍的捏塑是以面团整体为塑造对象，吸收借鉴了剪纸、雕塑等的工艺特点，采用剪、捏、梳、压等多种方法，多做成枣花馒头、花鸟虫鱼蝴蝶、蔬菜杂果等造型。西安的花馍比较简单朴实，以长安区鸣犊镇吊钟沟村的花馍最具代表性。

图4－2 将面擀成条卷起来

图4－3 用木梳压上花纹

图4－4 用剪刀剪出花纹和造型

图4－5 蒸好的花馍

图4－6 花馍

图4－7 礼馍（1）

图4－8 礼馍（2）

礼馍 [li^{53} mo^{55}]

逢年过节、婚丧嫁娶、出生满月等“过事[kuo^{55} sɿ^{55}]”的时候用来馈赠或祭祀的花馍。礼馍做工比普通花馍要更讲究、更复杂，也可以食用。礼馍品种有“献爷馍[ɕiã^{55} ie^{55} mo^{55}]”（除夕、初一等重大节日敬祖先的馍）、“双王馍[faŋ^{21} uaŋ^{24} mo^{55}]”（父母给儿子蒸的馍）、“指妇馍[tsɿ^{53} fu^{55} mo^{55}]”（公婆给儿媳妇蒸的馍）、“绞巴子[tɕiɑu^{53} pɑ^{21} tsɿ^{0}]”（长辈给孙子辈蒸的馍）、“寿桃[ʂou^{55} tʰɑu^{24}]”（走亲戚时送给长辈的馍）、“馄饨馍[xuẽ^{24} tuẽ^{0} mo^{55}]”（走亲戚时送给小孩的馍）、“莲草馍[liã^{24} tsʰɑu^{53} mo^{55}]”（走亲戚时送给平辈的馍）等。

花卷儿 [xuɑ^{21} tɕyɤr^{53}]

当地常吃的一种面食。有普通形状的，也有带造型的。普通形状的就是将发酵好的面和好，擀成约十厘米长、五厘米宽的面坯，抹上植物油，撒上辣椒面，然后卷起用筷子在中间竖着压一下，产生印痕并使两头翘起。带造型的比较复杂，做的时候凭个人技艺做成各种形状和花纹。

图4－9 蒸熟的花卷

图4－10 未蒸的花卷

图4－11 蛋蛋馍（1）

图4－12 蛋蛋馍（2）

蛋蛋馍 [tã^{55} tã^{0} mo^{55}]

西安地区的传统面食，长安区最为盛行。乡村在逢年过节或过事的时候，通常要蒸一种精致小巧的馒头款待宾客，赠送亲友。蛋蛋馍很小巧，比鸡蛋大不了多少，有的还略小于鸡蛋。作为红事礼物的，还在顶端点缀红色小点。

烧馍 [ʂɑu^{21} mo^{55}]

西安地区的传统特色面食，源于渭北一带。用发好的小麦面粉，加青椒叶末及少许盐，揉成扁圆形，略长，用梳子压出花纹，放进烤炉直至烤熟，所以叫作“烧馍”，民间又叫“狗舌头 [kou^{53} ʂɤ^{24} t^{h}ou^{0}]”。过去一般在新麦下来之初将烧馍作为食品与礼品。

图4－13 在炉坑里加工烧馍

棒棒馍 [paŋ^{55} paŋ^{0} mo^{55}]

一种特色面食。由白面、素油、茴香、黑白芝麻、精盐等经过揉搓后烘烤而成。制成后的形状为长约 20 厘米、宽约 2 厘米的长条，形如木棍儿，因此叫“棒棒馍”。棒棒馍不仅久放不坏，而且营养健胃。

图4－14 棒棒馍

煎饼 [tɕiã²¹ piŋ⁰]

西安传统面食。将白面或其他杂粮面粉调成糊，用勺子舀在平底锅上，再用光滑的竹片或锅铲把面糊摊开、抹平，翻转煎熟。根据口感的需要，摊的饼可厚可薄，可硬可软。从口味和用料的不同又可分为椒叶煎饼（和有碾碎的花椒叶儿）、白面煎饼、鸡蛋煎饼。吃法比较多，可以直接吃，或者将炒菜、凉菜卷到饼里吃，或者蘸着蒜水吃。

图4－15 做煎饼的平底锅

图4－16 面糊在锅里抹匀

图4－17 即将出锅的煎饼

图4－18 煎饼

图4－19 卷上菜的煎饼

图4 - 20 在炒热的石子中烤馍

图4 - 21 石子馍

石子馍 [ʂʅ^{24} tsɿ^{53} mo^{55}]

当地一种独特的面食，历史悠久，加工方法原始，被称为我国食品中的活化石。制作时用白面制成馍坯，里面放入油和盐，有的还加入鲜花椒叶，再将馍坯放在烧热了的专用石子中烙熟，故而得名，又称“砂子馍[sɑ^{21} tsɿ^{0} mo^{55}]”“干馍[kã^{21} mo^{55}]”。

锅盔 [kuo^{21} k^{h}uei^{0}]

又叫“锅盔馍[kuo^{21} k^{h}uei^{0} mo^{55}]”，是西安的传统面食。锅盔大小不一，整体呈圆形，直径20厘米到50厘米不等，厚度1厘米到3厘米不等，像个锅盖，所以“陕西八大怪”中有“锅盔像锅盖”。因为厚，当地人又把它叫作“睁眼锅盔[tsəŋ^{21} ȵiã^{53} kuo^{21} k^{h}uei^{0}]”，意思是吃的时候嘴要张很大，同时眼睛也要睁得很大，才能把锅盔咬到嘴里。做锅盔的原料是精细白面，反复揉擀，用平底锅慢火烘烤（乾县一带的锅盔用柴火烤，需要烤一个晚上），烤熟后外表焦黄，切口色白，酥脆适口。锅盔可以直接吃，也常夹辣子、夹菜、夹臊子吃。锅盔关中各县都有，以产自岐山和乾县的最为出名。

图4 - 22 较薄的锅盔

图4 - 23 较厚的锅盔

图4－24 摞起来卖的锅盔

图4－25 锅盔馍的切面

图4－26 锅盔配辣子

饦饦馍 [$t^hu o^{55}$ $t^hu o^{0}$ mo^{55}]

西安回民的主要食品，专用于吃糊辣汤和牛羊肉夹馍，简称“饦饦”。饦饦馍从制作工艺上分为两种，一种是硬面馍，一种是软面馍。制作时将面粉加上适量的酵面（烙硬面馍不用酵面），揉成筋韧光滑的面团，擀成小圆饼，放在平板锅上，翻六七遍后，饼子发轻，摁着有弹力即可出锅。饦饦馍底色洁白，花纹金黄，筋韧甜绵。在火候上，软面馍烤的时间略短，而硬面饦饦馍则要求筋道，有韧劲儿，掰碎泡入糊辣汤后不黏不散。西安汉族百姓也有“饦饦馍”，一般指较小的圆形烧饼。

图4－27 饦饦馍店招牌

图4－28 擀面饼

图4－29 翻烤面饼

图4－30 饦饦馍

定面馍 [tiŋ^{55} miã^{0} mo^{55}]

西安人常吃的一种面食，直径比饦饦馍大一些。将没有发酵的死面揉成圆饼，放在铁制的平底锅上烘烤，烤七八分熟，特别瓷实，主要用作牛羊肉泡馍。泡馍前用刀横竖切成四等块，掰成比指甲盖还小的碎粒儿，容易煮熟，好入味。

图4－31 定面馍比饦饦馍大

图4－32 定面馍

图4－33 在三扇鏊中烘烤

图4－34 白吉馍

白吉馍 [pei^{24} tɕi^{0} mo^{55}]

肉夹馍的主要食料，实际是一种烧饼。白吉馍俗称“白吉子[pei^{24} tɕi^{0} tsɿ^{0}]”。传统的制作方法是用一种特制的烙饼工具“三扇鏊[sã^{21} ʂã^{55} ŋɑu^{55}]”（见“日常用具”的“鏊锅子”条）慢慢烤熟。先把馍坯放在最上一层加热，烙到半熟，然后放进下一层加盖，充分烘烤，至两面金黄时就熟了。白吉馍的特点是“铁圈虎背菊花芯”，皮薄松脆，中心空虚，可以便利地夹肉。

肉夹馍 [ʐou^{55} tɕiɑ^{0} mo^{55}]

西安最具特色的传统小吃之一，深受当地人喜爱，与凉皮和冰峰汽水一起被戏称为“西安套餐”。肉夹馍的馍是白吉馍，肉是腊汁肉（见后文“腊汁肉”条）。吃的时候用菜刀将肉切碎，将白吉馍从中间剖开，填入剁碎的肉即可食用。

图4－35 填入碎肉

图4－36 肉夹馍

牛羊肉夹馍 [ȵiou^{24} iaŋ^{24} ʐou^{55} tɕia^{21} mo^{55}]

西安地区的清真食品，与汉食的肉夹馍不同，清真所用的馍是饦饦馍。吃时将饦饦馍从中间剖开，再将腊牛羊肉或酱牛羊肉切碎夹在馍中，肉烂馍酥。以前西安人常作为早点，与糊辣汤搭配着吃。现在饮食习惯有所改变，一日三餐都可以吃。

图4－37 将碎肉填入饦饦馍中

牛肉饼 [ȵiou^{24} ʐou^{55} piŋ^{53}]

西安著名的清真食品。将和好的面团放在抹了油的案板上擀成长条状，再将牛肉馅、花椒粉、胡椒粉和葱花撒在上面，卷起面把馅包好，轻轻压扁成饼状，放在平底锅中用油煎熟即可。

图4－38 面团抹油加肉馅压扁

图4－39 在平底锅中翻炸

图4－40 牛肉饼

牛羊肉泡馍 [ȵiou^{24} iaŋ^{24} ʐou^{55} pʰau^{55} mo^{55}]

图4－41 吃泡馍前掰馍

图4－42 煮馍

西安最具特色的清真食品之一，历史悠久，已成为西安地区的饮食文化名片。牛羊肉泡馍用的是定面馍，因为是死面，掰大了不入味，而且煮不熟，所以要掰成小指甲盖大小。下锅时加入粉丝、牛羊肉、葱末、黄花菜、黑木耳、料酒、盐、味精等调料，先稍稍炒一下，再把煮沸的牛羊肉汤和水烧开，馍倒进去，武火急煮一分钟左右即可。吃的时候配上糖蒜、香菜、辣椒酱。

泡馍的吃法分四种：一叫“干泡[kã^{21} pʰau^{55}]”，馍煮好出锅的时候，舀出多余的汤来，吃完后碗里无馍无肉无汤；二叫“口汤[kʰou^{53} tʰaŋ^{0}]”，顾名思义，吃完后恰好有一口汤能把喉咙里的食物送进胃里去，即民间所谓“原汤化原食”；三叫“水围城[fei^{53} uei^{24} tʂʰəŋ^{24}]”，这是个形象的说法，煮馍的行话叫宽汤大煮，馍盛在碗里，周围都是汤汁，中间的馍好似小山一样露个顶，上面铺着几片肉；四叫“单做[tã^{21} tsou^{55}]”，类似水盆羊肉，汤和肉单煮单吃，馍拿在手里就着吃。

图4－43 牛羊肉泡馍

小炒泡馍 [ɕiɑu^{53} ts^{h}ɑu^{53} p^{h}ɑu^{55} mo^{55}]

西安特色小吃之一，是牛羊肉泡馍的一个变种。泡馍是用煮的方法，而小炒则是用炒的方法。将掰好的馍放入小锅里，同时加上青菜、木耳、西红柿、卤熟的牛羊肉块等一起烩，再加点醋和油泼辣子，吃的时候可以配上糖蒜，解油腻。

图4－44 小炒泡馍

水盆羊肉 [fei^{53} p^{h}ẽ^{0} iɑŋ^{24} ʐ̩ou^{55}]

一种著名的清真特色食品。水盆羊肉味道好坏的关键在于汤，汤的制法很讲究，需将主料羊腩加辅料尖椒、粉丝、木耳、香菜、八角、花椒、桂皮、白芷、草果等按一定比例进行熬制。吃时将煮好的羊肉切成片儿或块儿，再放入煮好的粉丝、木耳，浇上热羊肉汤，撒香菜、调油泼辣子。既可吃馍就汤，也可将馍掰碎泡着吃。

图4－45 水盆羊肉

图4－46 馍掰成小块放进汤中

图4－47 掰好的白吉馍

图4－48 葫芦头泡馍

葫芦头泡馍 [xu²⁴ lou⁰ tʰou²⁴ pʰɑu⁵⁵ mo⁵⁵]

西安地区一种汉族特色食品。将白吉馍掰成块儿与煮熟的猪大肠块一起浇上热汤制成。葫芦头泡馍的汤很讲究，是用猪骨头和整只鸡熬成的，好汤要熬上一天一夜才能入味。吃时将掰好的馍与切好的肠、熟粉丝放入碗中，用锅内滚开的汤汁反复浇数次，使碗内的馍块被汤汁浸透，有的还要淋上适量的熟猪油，为了压住油腻，一般要配上泡菜。

油塔子 [iou²⁴ tʰɑ²¹ tsɿ⁰]

“油塔子”是回民常吃的清真食品，形状似塔。制作方法比较复杂，先用温水和面，加酵面揉成软面，发约一小时，再加碱水揉好稍醒，揪成面团，外面抹上清油。制作时把面团拉薄拉长，抹上少许羊油，再撒少许精盐和花椒粉，将面边拉边卷，最后拧成塔状，入笼后用旺火蒸熟。

图4－49 油塔子

图4－50 将包好的锅贴放入平底锅中

图4－51 锅贴在锅中翻煎至熟

锅贴 [kuo^{21} tʰiɛ^{0}]

“锅贴”属于煎烙的馅类食品。包锅贴的时候一般是馅儿与面皮各半，成品呈扁长条形，两头不封口。包好后放入大平底锅中煎炸。因底面贴锅而呈扁平状，故名锅贴。

图4－52 油塔放入蒸笼

图4－53 油塔配泡菜和豆浆

图4－54 油塔蘸香油蒜泥

金线油塔 [tɕiẽ^{21} ɕiã^{55} iou^{24} t^{h}ɑ^{21}]

西安地区流行的一种面食。做好的成品看上去像座宝塔，上面细细的面条盘了很多层，用筷子夹起来像金线，故而得名。制作时选用上等面粉和生猪板油及网油，把油抹在面上，卷成花卷状，再擀平，反复几次，使油饼层次增多。然后用刀将面切成细丝，撒上调料，卷成塔状，上笼蒸熟。传统的吃法是，浇上蒜泥，配上咸菜和豆浆。吃金线油塔要把油塔抖开，有口诀云："第一抖，精神抖擞；第二抖，友谊长久；第三抖，什么都有。""吃的时候不蘸蒜，刚才说的都不算。"

图4－55 面馆招牌

□□面 [piaŋ^{24} piaŋ^{0} miã^{55}]

西安地区极具代表性的面食，是西安乃至整个关中地区的文化符号之一。制作时将面团擀成四五厘米宽、约一米长的面条，然后揪成五六厘米长的段儿下锅煮。吃法很多：可以撒上盐和辣椒面，浇上滚油，即所谓“油泼辣子□□面[iou^{24} p^{h}uo^{21} la^{21} tsɿ^{0} piaŋ^{24} piaŋ^{0} miã^{55}]”；也可以加上肉臊子、素臊子干拌。

当地人不知道“□[piaŋ^{24}]”的本字，所以创造了一个特殊的字，还编了写字的口诀：“一点飞上天，黄河两头弯，八字大张口，言字往进走，左一扭，右一扭，东一长，西一长，中间夹个马大王，月字边，心字底，挂个钩担挂麻糖，坐个车车逛咸阳。”关于“□[piaŋ^{24}]”的来源有两种观点：一种认为是“饼”字，保留了古代的读音；一种认为得名于做面过程中在案板上“biang、biang”甩面的声音。笔者比较认同第一种观点。

图4－56 把面擀成宽面条

图4－57 把面条拉薄

图4－58 揪成面片下锅

图4－59 □□面[piaŋ^{24} piaŋ^{0} miã^{55}]

臊子面 [sɑu^{55} tsʅ^{0} miã^{55}]

西安地区特色面食之一。特点是汤多、臊子多。面经过手工反复揉搓碾压，然后擀成，每根面都要很筋道，而且拉得很细。臊子是吃面条时在面条上浇的卤料，以猪肉（带皮的肥、瘦肉）、胡萝卜、木耳、黄花菜、豆腐、韭菜、鸡蛋片等为基本原料，加葱、姜、料酒、酱油、盐、八角等炒制而成。面条煮熟后捞到碗里，浇上做好的臊子，依照个人口味加醋、加辣子。

臊子面是西安乃至整个关中地区人们日常生活中重要的饮食品种。逢年过节、婚丧嫁娶、过寿满月、款待亲朋都要吃臊子面，农村地区新年第一天的早晨基本上都吃臊子面，祭祀先人也用臊子面。

在关中地区，臊子面种类繁多，其中岐山臊子面最著名，其特点被归纳为九个字：薄、筋、光、煎、稀、汪、酸、辣、香。

图4－60 臊子面

裤带面 [kʰu^{55} tɛ^{55} miã^{55}]

西安特色面食之一。陕西八大怪之一的“面条像裤带”指的就是这种面食。制作时将醒好的面团用擀面杖擀成 3 至 4 毫米厚的薄片，用双手抻拉至宽度一寸余，长一米左右然后下锅，吃法主要以油泼辣子为主（油泼面）。裤带面形似裤带，故吃时以根论，饭量好的人通常能吃五六根，普通人一般两三根就饱了。

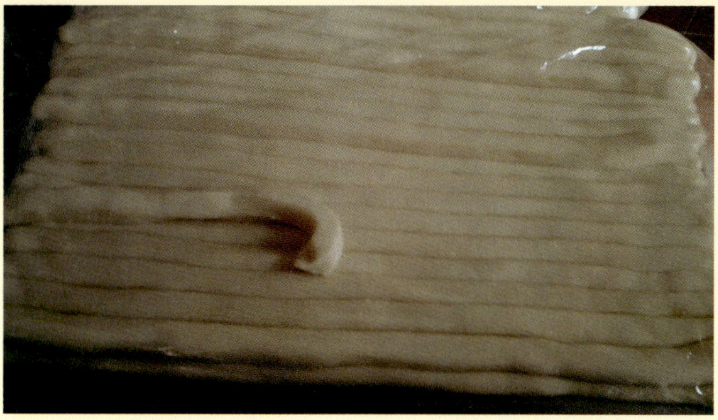

图4－61 和好的面剂子

图4－62 将面条拉长整根下锅

图4－63 裤带面

蘸水面 [tsã^{55} fei^{53} miã^{55}]

西安特色面食之一。杨凌一带最为盛行，所以又叫“杨凌蘸水面”。面煮熟后盛入带面汤的大盆中，配上绿菜时蔬。吃的时候将面条捞出，放入料碗蘸汁后再吃，故而得名。蘸汁碗很讲究，有炒熟的蒜苗、西红柿、鸡蛋片、黄花菜、木耳等，再加入蒜泥、辣椒油等五味佐料。“蘸水面”是以吃法命名的，它的面条一般就是“裤带面”。

图4－64 蘸水面

图4－65 先把油烧热

图4－66 油泼面

油泼面 [iou^{24} p^{h}o^{21} miã^{55}]

西安特色面食之一。特点是用滚烫的清油浇泼了来吃。油泼面的面条要手工擀，切成宽面。将煮熟的面条盛入碗中，撒上盐，再放少量青菜、一两匙辣椒面，然后立即用滚烫的清油浇在上边，再加入酱油、醋，香气扑鼻，让人很有食欲。

棍棍面 [kuẽ^{55} kuẽ^{0} miã^{55}]

西安特色面食之一。制作时把和好的面揉成一个长条形，均匀地分成一个个的小面团，切成条后，要一根一根地用手在案板上搓拉成形，故西安农村也有叫“搓搓子[ts^{h}uo^{21} ts^{h}uo^{0} tsɿ^{0}]”的。吃的方法也多，最受欢迎的吃法还是油泼。

图4－67 将面剂子分开

图4－68 把面剂子拉成细棍儿状

图4－69 油泼辣子棍棍面

浆水面 [tɕiaŋ^{21} fei^{0} miã^{55}]

西安特色面食之一，多在夏季吃。浆水面最重要的是浆水菜，制作时先把芹菜（或雪里蕻、萝卜缨子、小青菜等）用开水烫过，然后将其与旧浆水引子（也可用玉米面糊糊自行发酵而成）和煮过面条的面汤（不能带油腻）一起泡在一个开水烫过的容器里面，盖上盖子，在室温下发酵 2 至 3 天（冬天可能需要一个星期），每天尽量换一次面汤，直到汤变酸为止。

图4－70 浆水面

做浆水面时，先将浆水菜舀入锅中，根据酸味的浓度加入适量的清水，煮沸后放入葱花、香菜、盐、辣椒等调味品即成浆水臊子。将面条煮熟后，浇上制好的浆水臊子，再配上切碎的生腌韭菜或红辣椒，酸辣可口，生津解渴。

图4－71 摆汤面

摆汤面 [pɛ^{53} t^{h}ɑŋ^{21} miã^{55}]

西安特色面食之一，一种将煮熟的手工面条蘸汤汁吃的面食。关中方言“摆[pɛ^{53}]”有“放在水中投”的意思，“摆汤面”即把面放在汤中“投”着吃。摆汤面的臊子是用黄花、木耳、油豆腐丁、西红柿、蒜苗、韭菜、葱花、肉丁等炒熬制成。吃时要用两个碗，一个盛面条，一个盛臊子汤，和蘸水面有些相似，但面条宽、厚不同。

旗花面 [tɕ^{h}i^{24} xuɑ^{0} miã^{55}]

西安特色面食之一。将面擀薄后切成菱形小片，煮熟后在汤锅中加上各种蔬菜、肉丁、鸡蛋花等即可。

图4－72 菱形的小面片

图4－73 旗花面

图4－74 加入菠菜汁的面条

图4－75 菠菜面成品

菠菜面 [po^{21} ts^{h}ε^{0} miã^{55}]

西安特色面食之一。将新鲜菠菜叶投入开水中略焯捞出，榨出汁儿，加水和面，至面团完全变成绿色即成菠菜面。吃时根据各人喜好可宽可窄，可加入臊子吃臊子面，也可泼上热油吃油泼面。菠菜面的最大特点是面条翠绿，筋滑鲜香，含有人体所需的叶绿素和维生素，弥补了单吃面食的不足。

空心挂面 [k^{h}uŋ^{21} ɕiẽ^{0} kuɑ^{55} miã^{0}]

西安的一种特色面食，各区县均有生产。挂面选用上等面粉，加盐水拌匀揉搓，直到软韧俱备时依次进行盘条、绕条、拉条、三次醒面、上杆、二次拉长、下杆等工序。成品细如发丝，内为空心，面筋道而韧，口感圆滑，放入锅中久煮不烂。西安近郊蓝田楼祝村所产的空心挂面最具代表性。

图4－76 制作挂面

图4－77 和好的荞面团

图4－78 凉调饸饹

图4－79 热汤臊子饸饹

荞面饸饹 [tɕ^{h}iɑu^{24} miã^{55} xuo^{24} luo^{0}]

“荞面饸饹”是用特制的饸饹床子将荞面团压成的细长的圆面条。煮熟后可以热吃，可以凉拌，还可以炒着吃。在西安地区，蓝田的荞面饸饹最有名。

麻食（子） [mɑ^{24} ʂʅ^{0} （tsɿ^{0}）]

西安当地的一种家常面食。将和好的面团先搓成条状，然后揪成大小均匀的面蛋蛋，用大拇指在案板上搓成一个个小卷，形如猫耳朵，这种做法俗称“懒麻食[lã^{53}mɑ^{24} ʂʅ^{0}]”。讲究的会把面蛋蛋放在干净的草帽沿上搓，搓出好看的花纹。麻食的吃法多种多样，可以煮，可以烩，可以炒。当地人认为麻食越回锅越香，故有一段顺口溜：“好吃莫过热剩饭，剩饭最香麻食面。麻食麻食热三遍，给个县长都不换。”

图4－80 搓好的麻食

图4－81 麻食

图4－82 煮麻食

地蕈包子 [ti^{55} vã^{0} pau^{21} tsɿ^{0}]

西安传统风味面食。地蕈又名地耳，俗称地皮菜，是一种野生食用菌，雨后树林中的野地里最多。做地蕈包子时，地蕈要反复淘洗，去净泥沙，切碎，然后与豆腐丁、姜米、葱花、粉条、鸡蛋，以及花椒粉、盐等调料混合拌成馅儿，包成发面包子，上笼急火蒸熟。

图4－83 地蕈包子

图4－84 灌汤包子

灌汤包子 [kuã^{55} tʰaŋ^{21} pau^{21} tsɿ^{0}]

西安地区著名面食。馅有很多种，有猪肉馅儿、牛肉馅儿、羊肉馅儿、鸡肉馅儿、虾肉馅儿、素馅儿等。灌汤包子分汉食与清真两类，用料不同：汉食的灌汤包子多用肉皮冻做馅儿，皮冻加热后即在包子内形成一包油汤；而清真灌汤包子是用鲜牛羊骨髓汤做馅儿，家庭制作中也有用鸡汤做馅儿的。

灌汤包子里面有一包油汤，吃法非常讲究：“轻轻夹，慢慢晃；戳破窗，勺接汤；先吃包，再喝汤。”

酸汤水饺 [suã^{24} tʰaŋ^{21} fei^{53} tɕiau^{53}]

西安人特别喜欢吃的一种饺子。馅儿的种类很多，如牛肉馅儿、羊肉馅儿、海味馅儿、素馅儿等，以羊肉馅儿最正宗。

图4－85 酸汤水饺

酸汤的制作很讲究，需用到虾皮、熟芝麻、牛油、香油、鸡油、甜醋（醋里面加上30%的水以及八角、茴香、丁香熬成）、酱油等多种调料，煮沸后加入红糖，再熬制半小时而成。吃时把包好的饺子煮熟后盛入特制的酸汤内，再撒入香菜末、韭菜末即可。

饺子宴 [tɕiɑu^{53} tsɿ^{0} iã^{55}]

西安独有的以饺子为主要菜式的宴席，以德发长的最著名。饺子宴一饺一形，百饺百味：馅料多种多样，猪牛羊肉、鸡鸭鱼肉、山珍海味、鲜蔬、干菜、果品都可入馅；馅的制作方法多种多样，烹、炒、煸、爆、炸、溜等皆可；饺子做熟的方法多种多样，蒸、煮、煎、烤、炸皆可；口味多种多样，有咸、酸、甜、麻、辣、鱼香、怪味等；饺子的形状也多种多样，除了传统的造型，还有花草鱼虫、金钱元宝等。

饺子宴上桌程序颇有讲究：从烹制方法上讲，先上炸、煎类饺子，后上蒸、煮类饺子；从口味上讲，先咸，次甜，后麻辣；咸味饺子中，先海鲜，次鸡肉，后清素；约十余道饺子以后，上一道银耳汤嗽口清喉，调节一下口味，再继续上其他饺子；层次分明，使人回味无穷。

图4－87 饺子宴中的各款饺子（2）

图4－86 饺子宴中的各款饺子（1）

图4－88 饺子宴中的各款饺子（3）

搅团 [tɕiau^{53} t^{h}uã^{0}]

西安人常吃的一种传统面食，在关中农村非常普遍。制作搅团的原料，荞麦面、玉米面、白面、土豆淀粉皆可。做搅团时，将面粉糊慢慢倒入开水锅或桶中，不断搅拌，使受热均匀，直到煮熟稠成团为止，故名“搅团”。

搅团的吃法主要有三种：“水围城[fei^{53} uei^{24} tʂ^{h}əŋ^{24}]”“凉鱼鱼儿[liɑŋ^{24} y^{24} yər^{0}]”“凉片片[liɑŋ^{24} p^{h}iã^{53} p^{h}iã^{0}]”。

水围城是热吃，舀一勺热搅团放到调好的汤汁里边，待稍凉后，就着汁子吃。因搅团凝固后成团，周围都是汤汁，故形象地称为“水围城”。凉鱼鱼儿是用大漏勺把热搅团漏出来后用凉水沁凉，然后浇上汤汁吃。凉片片是指将热搅团放在盘子里晾凉，吃时再切成小块儿，最后调上汁子、撒上韭菜。

图4－89 加水将面粉稀释

图4－90 面糊倒入桶中搅拌

图4－91 盛入碗中放凉

图4－92 加臊子热吃

图4－93 凉调

搅团在民间有个绰号“哄上坡[xuŋ^{53} ʂaŋ^{55} p^{h}o^{21}]”，意思是不顶饱，上一道坡就饿了。

吃搅团还有种种说法，如有的地方大年三十要吃搅团：“三十早上吃搅团，一年到头够搅缠。”人们认为吃了搅团，这一年的生活将不会太艰难。

搓面拌汤 [ts^{h}uo^{21} miã^{55} pã^{55} t^{h}aŋ^{21}]

西安家常面食。制作时将和好的面搓成米粒般大小带尾巴状的小面疙瘩，然后配以鲜汤、蔬菜、鸡蛋等做成。

图4－94 搓好的小面疙瘩

图4－95 加菜一起煮熟

老鸹□ [lau^{53} ua^{0} sa^{24}]

西安的一种特色面食。制作时将面粉拌水搅成稠浆糊状，然后用筷子一个个拨入开水中煮熟，加上西红柿、豆腐干、海带、小青菜等各种菜蔬调料即成，类似其

图4－96 老鸹□[lau^{53} ua^{0} sa^{24}]

他地方的“拨鱼儿”和“疙瘩汤”。关中话把“乌鸦”叫“老鸹”，把“头”叫“□[sɑ^{24}]”，老鸹□[sɑ^{24}]的面疙瘩两头尖中间圆，很像乌鸦头，故名“老鸹□[lɑu^{53} uɑ^{0} sɑ^{24}]”。老鸹□[lɑu^{53} uɑ^{0} sɑ^{24}]的汤汁口味很多，如海鲜汤、甲鱼汤、鸡汤、三鲜汤，最常见的吃法还是普通的肉臊子汤。

菜疙瘩 [tsʰɛ^{55} kɯ^{21} tɑ^{0}]

西安地区特色小吃。将时令青菜切碎，与少许面粉混合，加入少量水和调料搅拌均匀，然后用手握成一团，大小和鸡蛋近似，放在笼中蒸熟即可。吃时蘸辣油、醋、香菜叶和蒜泥等混合的调料汁。

图4－97 菜疙瘩

麦仁稀饭 [mei^{21} z̧ẽ^{24} ɕi^{21} fã^{55}]

西安人常吃的一种稀饭。做法是将大麦去皮后略泡一下，煮成粥即可。也可随个人喜好，加一点扁豆、绿豆、枸杞之类。在关中，一到麦收季节，人们多以此款待帮忙的亲友和临时工，再弄些面皮、煎饼，炒点青辣椒，既消暑降温，又解除疲劳。

图4－98 麦仁稀饭

图4－99 擀面

图4－100 将南瓜等菜蔬切成丝卷入面中

图4－101 蒸熟的滋卷

图4－102 滋卷

滋卷 [tsɿ^{21} tɕyã^{0}]

西安地区特色家常面食，是一种似菜似饭，亦菜亦饭的食品。做法是把面和好，擀薄，卷上南瓜、芹菜、韭菜等常见蔬菜，成多层、长形卷儿，蒸熟后切成短节，蘸辣油汁儿吃。

图4－103 新鲜的槐花

麦饭 [mei^{21} fã^{0}]

西安地区常见的季节性食品，是一种制作简单而富于营养、菜香浓郁的地方风味小吃。以面粉和野菜、洋槐花、苜蓿等各种蔬菜为原料，将洗净的野菜、槐花等与面粉搅拌均匀，蒸二十分钟即可。吃的时候将麦饭盛入碗中，依个人口味加入调料或卤汁搅拌均匀。

图4－104 加入面粉

图4－105 槐花与面粉和匀

图4－106 上笼蒸熟

图4－107 槐花麦饭

酿皮子 [ʐaŋ^{53} p^{h}i^{24} tsɿ^{0}]

现在多叫“凉皮[liaŋ^{24} p^{h}i^{24}]”，是西安乃至整个关中地区的著名小吃，主要有秦镇米皮和麻酱凉皮两种。

秦镇米皮原产于户县秦镇，制作过程分为三步：第一步是磨米浆，将淘净的大米放入凉水中浸泡一天左右，捞出磨成米浆，再加入少许盐，用沸水烫开，最后加凉水制成米浆；第二步是蒸米皮，把干净湿布铺在蒸笼上，倒上一层米浆，抹平后蒸十分钟即可，蒸好的米皮要倒扣在大盘子里，抹一层熟菜油，防止粘在一起；第三步是调味，先用大铡刀或机器将米皮切成细条，放入碗中，调以蒜泥、醋、盐、油泼辣子和配菜（多用黄瓜丝、黄豆芽、绿豆芽等）。

麻酱凉皮是西安清真传统风味食品，制法与秦镇米皮类似，不同的是调味料以芝麻酱为主，突出的是芝麻的浓香。

图4－108 蒸好的米皮

图4－109 手工切条

图4－110 机器切条

图4－111 麻酱凉皮

图4－112 晒柿子

图4－113 做柿子饼

图4－114 煎柿子饼（1）

图4－115 煎柿子饼（2）

黄桂柿子饼 [xuɑŋ^{24} kuei^{55} sɿ^{55} tsɿ^{0} piŋ^{53}]

西安著名的特色小吃。用临潼区产的“火晶柿子[xuo^{53} tɕiŋ^{21} sɿ^{55} tsɿ^{0}]”为主料，把去蒂剥皮的火晶柿子肉用箩网滤成柿子浆，加面粉和成软面团，包入黄桂浆、豆沙一类的馅儿，拍压成一个鼓状的小圆饼，用平底锅两面翻转煎制而成。

柿面糊塌 [sɿ^{55} miã^{55} xu^{24} t^{h}ɑ^{21}]

西安地区一种特色食品，比黄桂柿子饼做工要简单。用临潼地区的特产火晶柿子作主料，和面粉合烹而成。将去掉柿皮、柿蒂的果肉搅成糊，加上面粉拌匀成为稀稠恰当的柿面糊，用铲子把柿面糊摊进“糊塌屉[xu^{21} t^{h}ɑ^{0} t^{h}i^{55}]”（糊塌模子，一种圆形的铁制手提浅屉，外凹中凸，边高 2 厘米）中，放入热油锅中炸，糊塌炸到一定程度会脱开模子漂起来，操作者即可从油锅中取出糊塌屉继续制作。

图4－116 柿面糊塌（王昕　摄）

图4－117 河南糊辣汤

图4－118 回民糊辣汤

糊辣汤 [xu^{21} lɑ^{24} t^{h}ɑŋ^{21}]

“糊辣汤”是西安早餐中常见的糊汤类食品，常见于街上的早市摊点，分为汉食和清真两种。

汉食糊辣汤即“河南糊辣汤”。将豆腐皮、海带丝、粉条、包菜或白菜等放进铁锅里炖，待八成熟后勾入适量精粉搅拌，加入白胡椒，增加辣味，然后兑入配好的调料及花椒、茴香、盐和酱油即可。

清真糊辣汤又称“肉丸糊辣汤”，是用牛肉丸、土豆、胡萝卜、白菜等为主要原料，加入适量的淀粉、面粉以及胡椒粉、五香粉、盐等熬制而成。成品呈糊状，一般还需加入辣子。吃的时候还常将饦饦馍掰碎了泡在糊辣汤里，称之为“糊辣汤泡馍”。

油茶麻花 [iou^{24} ts^{h}ɑ^{24} mɑ^{24} xuɑ^{21}]

西安独具特色的传统清真小吃。主料是熟面粉，添加纯净的牛骨髓油，制成油茶。辅料则要根据口味添加，咸味的加入盐、花椒粉，甜味的则加入白砂糖、蜂蜜、麦芽糖等。两种味道都要掺入适量的熟芝麻、花生仁、核桃仁、瓜子仁、杏仁等。当地人以咸味为主。吃的时候常常泡上麻花。

图4－119 油茶麻花

图4－120 金瓜豌豆黄

金瓜豌豆黄 [tɕiẽ^{24} kuɑ^{21} uã^{21} tou^{55} xuɑŋ^{24}]

西安传统时令小吃。过去主要在春节和夏季做，现在一年四季都可以买到。做法是把豌豆蒸熟，然后制成蓉；把金瓜（一种体形很小的南瓜）去皮切块蒸熟，也制成蓉；再加去核的红枣和白糖，趁热搅匀，盛进盆中，凉后放入冰箱，吃时切块即可。

图4－121 酸梅汤

酸梅汤 [suã^{21} mei^{24} tʰɑŋ^{21}]

西安最常见的一种饮料，以回坊的最为有名。坊上的酸梅汤以乌梅、玫瑰、山楂、冰糖等为原料，大锅熬制后倒入铜缸内放置，做好后不再兑水，内含少许乌梅原料。酸梅汤有生津解渴、降火解腻的功效，夏季尤其受欢迎。

图4－122 炒凉粉

凉粉 [liɑŋ^{24} fẽ^{0}]

西安著名的风味小吃。凉粉种类繁多，豆类、米类或芋类都可做原料，如豌豆粉、绿豆粉、土豆粉、红薯粉等。给粉面加适量水稀释成糊，不断搅动，煮熟后冷凝成块。

凉粉的吃法有两种：一是凉拌，二是热炒。凉拌的时候并不用刀子切凉粉，而是用“馊子[sou^{21} tsɿ^{0}]”（一种特制的铁皮浅勺，圆形，上面布满圆孔）一圈圈在凉粉上盘旋，将粉条从一个个圆孔中刮出来，然后装在碗里，加上辣椒油、芥末、麻油、香醋、细盐、大蒜汁等调料。热炒的凉粉要先将凉粉切成麻将大小，然后在锅里放上油盐葱姜之类，用文火煎炒成金黄即可。

卤汁凉粉 [lou^{53} tʂʅ^{21} liaŋ^{24} fẽ^{0}]

西安人夏季常吃的一种清真食品。将绿豆凉粉蒸熟后切成细条，再加入制好的卤汁（土豆淀粉加十余种调料等熬制而成）和调料汁。卤汁凉粉可以单吃，也可以泡馍，吃前先把馍掰成蚕豆大小，然后将“变蛋”（松花蛋）切成两半放在碗边上，再从水盆里捞起一大块凉粉切成条状放在馍上，用木勺舀一勺温热卤汁匀匀地浇在凉粉上，最后将芥末、蒜水、芝麻酱、油泼辣子、香油等调料浇上。因凉粉质软，吃的时候不能夹搅，要用筷子顺着碗边往嘴里刨着吃。

图4－123 切凉粉

图4－124 卤汁

图4－125 加调料

图4－126 吃卤汁凉粉

粉汤羊血 [fẽ^{53} t^{h}aŋ^{21} iaŋ^{24} ɕiɛ^{21}]

图4－127 粉汤羊血

西安很盛行的传统特色小吃。以煮熟的羊血为主料，配上煮熟的豆腐、粉丝（或饸饹）和生菜。吃时将羊血、豆腐、粉丝（或饸饹）放入碗中，调入腊汁油（用姜、丁香、花椒、茴香、朝天椒、食盐、桂皮、八角、胡椒粉加上猪油熬煮而成）、辣椒油、生菜，浇入适量的滚汤即成。

泡泡油糕 [p^{h}ɑu^{55} p^{h}ɑu^{0} iou^{24} kau^{21}]

西安传统名小吃，因表皮炸出许多泡泡而得名。做泡泡油糕的面是烫面：在开水中加入熟猪油，搅匀后倒进面粉，一边用小火加热，一边用勺子搅匀，把面烫透，猪油、水、面的比例一定要恰到好处。再包进黄桂、白糖馅儿，放入油锅炸。在炸的过程中，油糕内部水蒸气大量形成，气体急剧上升的同时，淀粉膨胀焦化，逐渐形成泡泡。

图4－128 泡泡油糕（1）

图4－129 泡泡油糕（2）

油糕 [iou^{24} kau^{21}]

西安人常吃的一种面点。以白面、糖、油、水为原料，经过揉搓和烫面，然后和好面团，包上糖馅，压扁后放油锅中炸熟。一般作为早点，与豆浆或稀饭一起吃。

图4－130 油糕

图4－131 浆水鱼鱼儿（1）

图4－132 浆水鱼鱼儿（2）

浆水鱼鱼儿 [tɕiɑŋ²¹ fei⁵³ y²⁴ yər⁰]

西安人夏天十分喜爱的一种食品。用土豆粉、玉米面或白面依照做搅团的方法进行加工后，再从漏盆漏到盆下的凉水容器里。漏下的形状像蝌蚪，故名“鱼鱼儿”。吃时浇上浆水菜汁，再放上红辣椒、炒韭菜，酸辣爽口。

麻叶儿 [mɑ²⁴ iər²¹]

西安人春节期间或者过事的时候做的一种面食。用温水和成硬面团，然后擀成薄面片，再把面片叠好切成小片，用剪刀剪成均匀的切口，然后做成菱形或拧成花样，下油锅中炸至金黄即可。

图4－133 搓面

图4－134 切片

图4－135 拧花

图4－136 麻叶儿

图4－137 枣糕

枣糕 [tsau^{53} kau^{21}]

西安地区特色小吃。在发面里放入适量食用碱，再用玫瑰水化红糖，跟小米面、鸡蛋、牛奶一起掺进发面中，搅成稀糊状；将模子放入蒸笼内，把调好的面糊倒入一半，刮平，放上去核的小枣，再倒上剩下的一半面糊，在上面放蜜枣，用旺火蒸熟即成。

蜂蜜凉粽子 [fəŋ^{24} mi^{21} liaŋ^{24} tsuŋ^{55} tsɿ^{0}]

西安常见的传统食品。粽子的主料选用糯米。制法有两种：一种是有馅的，配料是红豆沙，裹上粽叶，形似菱角，即传统的粽子；一种是无馅的，用干净白纱布裹上纯糯米上笼蒸熟，形状为长条形。蜂蜜凉粽子是指第二种做法的粽子，吃时用丝线或竹刀割成小片，放在碟子里，淋上蜂蜜或玫瑰、桂花糖浆。以前是夏季的时令小吃，现在一年四季都可以做着吃。

图4－138 放在凉水中冷却的长条形粽子

图4－139 用丝线切粽子

图4－140 切成薄片

图4－141 淋上蜂蜜和桂花糖

图4－142 和糯米泥

图4－143 先切成长条

图4－144 再切成方块

图4－145 凉糕

凉糕 [liaŋ^{24} kau^{21}]

西安地区著名的传统食品。将糯米上笼蒸熟，把米趁热揉成泥状，取一半铺平，放上豆沙馅，再铺上另一半，撒上豆面、芝麻、白糖。吃时用小刀切片，淋上蜂蜜、玫瑰酱。

图4－146 元宵

元宵 [yã^{24} ɕiau^{21}]

西安地区传统小吃，也是年节特有的风味食品，一般是在元宵节吃。西安的元宵不是包的，而是将馅料放在糯米粉中来回滚动，让糯米粉包裹在馅上。吃的时候可以煮、炸、蒸。馅料以白糖、玫瑰、芝麻、豆沙、黄桂、核桃仁、果仁、枣泥等为主。

龙须糖 [luŋ^{24} ɕy^{21} t^{h}aŋ^{24}]

西安地区的著名风味小吃，因其外观洁白绵密、细如龙须而得名。原料为糖胶、砂糖、花生、芝麻和椰丝等。把麦芽糖放在干净的小盆里，然后将小盆坐在热水锅中，让麦芽糖慢慢化开，待麦芽糖变软后将其取出来放在案子上反复揉搓，像和面一样。然后搓成细条，蘸上淀粉，折叠重复拉。拉上很多次后，麦芽糖颜色开始变淡。再把麦芽糖做成一个圆形，在炒米粉里拉，拉得如同头发丝一般细，然后放上花生酥、芝麻、椰蓉等拌好的馅料卷包起来即可。

图4－147 龙须糖

图4－148 做龙须糖（1）

图4－149 做龙须糖（2）

冰糖雪梨 [$\mathrm{pi\eta^{21}\ t^h a\eta^{0}\ \textit{ɕ}y\varepsilon^{21}\ li^{24}}$]

西安十分常见的一种时令饮料。清热解渴，冬季最受欢迎。做法是将梨、红枣、枸杞、冰糖、陈皮等加水煮熟。普通人家一般用小锅，商家一般用大锅。

图4－150 冰糖雪梨（1）

图4－151 冰糖雪梨（2）

图4－152 枣沫糊

枣沫糊 [tsau[53] mo[21] xu[0]]

西安著名风味小吃。将红枣晾干后磨碎，越细越好，加上水、红豆、面粉、白糖等熬成稀糊，色红味甜，滑润可口。

八宝稀饭 [pa^{21} pau^{53} ɕi^{21} fã^{55}]

西安特色食品。所谓八宝，通常指熟糯米、葡萄干、蜜枣、百合、蕨麻、莲子、红枣、核桃仁等。熬的过程是，将蜜枣、红枣、核桃仁切成丝和丁，莲子去蒂，在铜锅内加水烧开，放入糯米烧沸，加入淀粉、白糖、红糖和其他辅料，改小火煨煮至熟。盛到碗里后撒上葡萄干、果脯。

图4－153 八宝稀饭

图4－154 玫瑰镜糕

玫瑰镜糕 [mei^{24} kuei^{55} tɕiŋ^{55} kau^{21}]

西安地区的著名小吃，因形似圆镜而得名。做法是将大米磨成粉，加入葵花子和芝麻，放入特制的小木碗里蒸熟。吃的时候用小棍把蒸好的镜糕顶出来，抹上玫瑰酱或其他酱料。玫瑰镜糕是一种非常受欢迎的零食。

图4－155 玫瑰镜糕的各式果酱

图4－156 甑糕

甑糕 [tɕiŋ⁵⁵ kau²¹]

西安地区传统小吃。是以糯米和红枣为原料，辅以芸豆、葡萄干等，用“甑[tɕiŋ⁵⁵]”蒸成的糕。甑是一种底部有小孔，可放在锅上蒸食物的古老炊具。蒸甑糕时，将甑放在一个大敞口锅上，锅中添水，再将浸泡好的糯米、红枣铺在甑底。正宗的甑糕在蒸的时候对装甑的程序、加水的时间、火候的把握等都有严格的要求。

二　副食

腊牛（羊）肉 [lɑ²¹ ȵiou²⁴（iɑŋ²⁴）ʐou⁵⁵]

西安地区著名的清真食品。将剔骨牛（羊）肉加适量盐腌制，成形后再加入蒜球、辣椒粉、豆豉、花椒粉、茶油、蚝油、鸡精等调料煮制而成。吃的方法有多种，最常见的吃法是用刚出鏊的发面饦饦馍夹上腊牛（羊）肉吃“肉夹馍”，或把凉透的腊牛（羊）肉切片，浇上油泼辣子、香醋和蒜泥汁，做成一盘凉菜。

图4－157 腊牛肉（1）

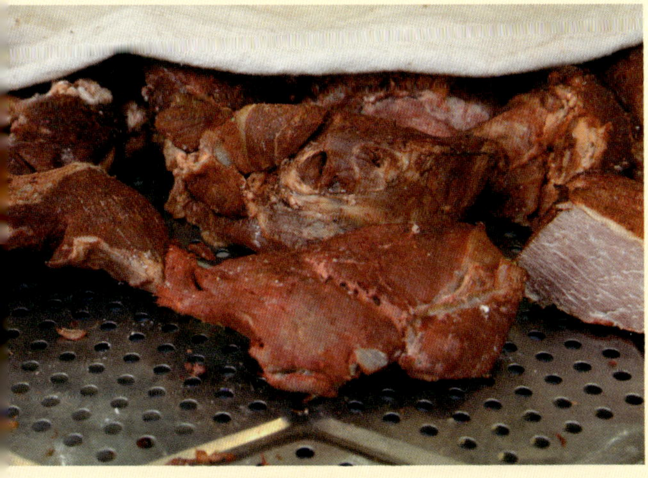

图4－158 腊牛肉（2）

图4－159 腊羊肉

图4－160 水磨丝

水磨丝 [fei^{53} mo^{55} sɿ^{21}]

西安地区传统凉菜。将猪耳朵煮熟后用石板或其他重物压平，然后切成纸一样的薄片，再切成线一样的细丝。最后根据个人喜好加调料拌制就可以了。

醋粉 [ts^{h}ou^{55} fẽ^{53}]

西安地区很有地方特色的一道凉菜，又叫“醋糟粉[ts^{h}ou^{55} tsɑu^{21} fẽ^{53}]”或“醋淋[ts^{h}ou^{55} liẽ^{24}]”。醋糟就是滤醋后剩下的一些粮食残渣，在醋缸中不断沉淀而成。醋粉的做法和凉皮类似，将醋渣加入凉水浸泡，再加入面粉搅拌均匀，调成稠糊状，然后放入蒸笼蒸制。吃时切成厚面条状，加入调料拌匀。

冻冻肉 [tuŋ^{55} tuŋ^{0} zo̩u^{55}]

也叫“肉皮冻[zo̩u^{55} p^{h}i^{24} tuŋ^{55}]”，是西安地区常吃的凉菜。冻冻肉分为皮冻和鱼鳞冻两种。将猪皮（或鱼鳞）、葱段、姜块、花椒、大料瓣、小茴香等一起熬成胶状，然后加上盐，稍凉后放点蒜末，冷冻成冻。吃时切成条块，撒上辣椒油、醋、酱油。

图4－161 醋粉

图4－162 冻冻肉

图4－163 粉蒸肉（1）

图4－164 粉蒸肉（2）

粉蒸肉 [fẽ^{53} tʂəŋ^{21} ʐou^{55}]

又名“面面肉[miã^{55} miã^{0} ʐou^{55}]”，西安传统清真小吃。将牛羊肉切块，拌上五香粉和盐，腌渍后加清水、花椒粉和牛油，搅拌均匀，再倒入适量面粉，搅拌至面粉粘附在肉上为止。蒸笼中铺湿布，摊几层搅拌好的粉肉，旺火蒸熟。可以单独吃，也可以夹馍吃。馍是荷叶状，当地人称为荷叶饼。

梆梆肉 [paŋ^{21} paŋ^{0} ʐou^{55}]

西安地区一种风味小吃。以猪大肠为主料，配以专门的秘方卤制而成。从前小贩都是挑着担子，敲着竹梆子，沿街叫卖，故称作梆梆肉。现在一般都是在葫芦头泡馍店中单卖，吃时切成小段，蘸上蒜、醋、辣椒油调成的汁，配以泡菜，是很好的下酒菜。

八宝肉辣子 [pa^{21} pau^{53} ʐou^{55} la^{21} tsɿ^{0}]

西安地区著名风味菜肴，既可当菜又可当臊子。通常主料有辣椒面、咸菜丁、大肉丁，配料一般会就地取材，或因季节的不同，加上黄豆、红萝卜丁、莲菜丁、蒜薹、玉兰片、竹笋等，加酱油、面酱炒成。当地人喜欢夹在热馒头和锅盔中吃。

图4－165 梆梆肉

图4－166 八宝肉辣子

油泼辣子 [iou^{24} p^{h}o^{21} lɑ^{21} tsɿ^{0}]

西安地区的著名特色食品，既可当菜，也可当调料。陕西八大怪中有一怪："油泼辣子一道菜。"把干辣椒研磨均匀，加适量盐，再把菜籽油烧热（油温的控制非常关键）浇入辣面中，然后迅速将凉的香醋滴入油泼辣子中，凉热相遇，产生泡沫，辣子像睁了眼一般，又称"睁眼儿辣子[tsəŋ^{21} ȵiɐr^{53} lɑ^{21} tsɿ^{0}]"。

图4－167 油泼辣子

辣子疙瘩 [lɑ^{21} tsɿ^{0} kɯ^{21} tɑ^{0}]

又称为"大肉辣子疙瘩"，既可当菜，也可当饭，是西安的特色小吃。制作辣子疙瘩分"燣肉[lã^{53} z̧ou^{55}]""捏疙瘩[ȵiɛ^{24} kɯ^{21} tɑ^{0}]""做汤[tsou^{55} t^{h}ɑŋ^{21}]"等几道工序。辣子疙瘩用鲜猪臀肉、甜面酱、姜末、辣面子、盐、醋等烹制而成。把韭菜或小白菜洗净、剁碎，加上虾仁粒、五香粉、盐、酱油及芝麻油搅拌成馅，把馅料放在面皮上，将皮子的三个角折压在一起就成了疙瘩。

吃辣子疙瘩时，先把烧饼或饦饦馍掰碎，放到碗里，馍上撒些蒜苗、香菜、粉丝。锅内添入肉汤，烧开后，先下疙瘩，再下燣好的辣油肉块、香菇丁、黄花、木耳，煮熟，趁汤沸舀到碗里，加上香油、味精。因为有大量辣子，味道很辣，碗中飘红。当地有这样一首民谣："辣子疙瘩出了巷，街头街尾到处香，争先恐后去排座，只怕迟了不见汤。"

图4－168 辣子疙瘩（1）

图4－169 辣子疙瘩（2）

图4－170腊汁肉（1）

图4－171 腊汁肉（2）

腊汁肉 [lɑ^21 tʂʅ^21 ʐou^55]

西安特色名吃。以猪肋条肉为主料，加上料酒、葱、姜、盐、冰糖、酱油、八角、草果、砂仁、荜茇、桂皮、高良姜、花椒等配料煮成。焖煮时，保持小开，不能翻浪，以保证汤不浑浊，成品完整。既可作凉菜，又可作肉夹馍、腊汁肉揪面片的配料。

神仙粉 [ʂẽ^24 ɕiã^21 fẽ^53]

西安地区非常独特的一种小吃。在夏秋两季，当地居民采摘秦岭北麓山区当地人称作“糜糜稍”的树叶子，晾干后放到盆里，加入开水，然后用力揉搓，去掉叶柄和杂物，再放进一个干净盘子，凉后即成凝胶状。吃时将凉粉切块后加入蒜、醋、油泼辣子等。神仙粉味苦清肝，清火明目，是纯天然绿色食品。

图4－172 神仙粉

三　菜肴

图4－173 糟肉

糟肉 [tsau²¹ zou⁵⁵]

又叫“蒸肉[tʂəŋ²¹ zou⁵⁵]”“红枣糟肉[xuŋ²⁴ tsau⁵³ tsau²¹ zou⁵⁵]”，自古便流行于西安地区。“糟”是腌制食物的一种方法，一般用酒或酒糟腌制。用猪五花肉为原料，用醪糟醅和大枣作为配料，先腌后蒸，其成品刀工精细，形态美观，色泽红亮。

响皮 [ɕiaŋ⁵³ pʰi²⁴]

西安有道名菜叫“烩三鲜[xuei⁵⁵ sã²⁴ ɕiã²¹]”，其中的主料之一就是响皮。响皮的原料是猪肉皮。先把肉皮加工成干肉皮，然后用油炸（油发）或用盐炒（盐发）的方式制成响皮。由于在发的过程中会发出“啪啪”的响声，所以叫响皮。发过的响皮变得泡松柔软，会出现许多海绵和蜂窝状的孔，所以又称“蜂窝肉[fəŋ²⁴ uo⁰ zou⁵⁵]”“海绵肉[xɛ⁵³ miã²⁴ zou⁵⁵]”。响皮和发过的鱼肚从外观上看极为相似，所以又给响皮冠以“鱼肚”“皮肚”“玻璃肚”“赛鱼肚”的美称。

图4－174 响皮（1）

图4－175 响皮（2）

图4－176 葫芦鸡

葫芦鸡 [xu^{24} lou^{0} tɕi^{21}]

西安特有的传统名菜。皮酥肉嫩、香烂味醇，被誉为“长安第一味”。“葫芦鸡”名字的由来有两种说法：一种说法是“葫芦鸡”系“囫囵鸡[xu^{24} luẽ^{0} tɕi^{21}]”的音转，即一只整鸡的意思；另一种说法是因为做出来的鸡形似葫芦。葫芦鸡的做法是，选用一公斤左右的嫩肥母鸡先煮，煮到半熟然后上笼蒸，蒸时加料酒、酱油、盐、冰糖、桂圆、八角、姜块、葱段和猪肥膘肉。蒸到烂熟后再炸，鸡身呈金黄色立即捞出，不可炸焦炸碎。吃时可蘸椒盐、辣椒面。

图4－177 金边白菜

金边白菜 [tɕiẽ^{24} piã^{21} pei^{24} tsʰɛ^{0}]

西安地区的一道传统名菜。所炒白菜的四周有韭菜叶般宽窄的金黄色镶边，而四周之内的白菜又保持了洁白的颜色，故而得名。把白菜叶子去掉，切成骨牌片大小（现在的厨师大多切得比较细，如图），以辣椒和姜末、醋、酱油、盐和糖为辅料大火翻炒。清代北京美食家薛宝辰所著《素食说略》一书说：“金边白菜，西安厨人作法最妙，京师厨人所不及也。”

狮子头 [sɿ^{21} tsɿ^{0} t^{h}ou^{24}]

西安地区传统菜肴。当地人家中过事的时候，这个菜是必上的硬菜。将六成肥肉和四成瘦肉斩成肉泥，再加上葱、姜、鸡蛋、油、盐、香葱、蒜、胡椒粉、料酒、淀粉、生抽、蜂蜜、白糖、鸡精等配料，做成拳头大小的肉丸，可清蒸，可红烧。西安地区的狮子头一般有两种，大个的，一碗四个，叫狮子头，也叫四喜丸子；小个的，一碗十八个或二十四个，叫清蒸狮子头。

光头炒肉 [kuaŋ^{21} t^{h}ou^{24} ts^{h}au^{53} z̥ou^{55}]

西安著名家常菜。此菜除少许葱段等调味品，无任何副料，因此叫“光头炒肉”。以猪后臀尖肉为主料，配以淀粉、大葱、姜、盐、黄酒、味精、酱油、菜籽油等炒成。虽取料单一，却香嫩可口，最宜下酒佐餐。

图4－178 光头炒肉

条子肉 [t^{h}iau^{24} tsɿ^{0} z̥ou^{55}]

西安城乡的一道家常菜，是招待客人必上的菜，也是“取料单一，滋味纯正”的一个典型。以猪五花肉为主料，配以酱油，再经煮、炸后切成 3 厘米长、1 厘米宽的肉片，上笼屉用旺火蒸，最后再加调料红烧。

图4－179 条子肉

图4－180 条子肉装碗

图4－181 蒸条子肉

图4－182 海参包袱底

海参包袱底 [xɛ^{53} sẽ^{21} pɑu^{21} fu^{0} ti^{53}]

西安招待客人时高规格的菜。这类菜一上桌就决定了宴席的档次。分清汤海参包袱底和烧海参包袱底两款，前者为夏令风味大菜，后者宜于冬季食用。清汤海参包袱底，包袱底用豆腐皮包大肉馅制成。烧海参包袱底，包袱底同样用豆腐皮包大肉馅制成，但须包作拇指粗的卷状，切约一寸二分长，过油至呈金黄色。

薏米鸡 [i^{55} mi^{53} tɕi^{21}]

“薏米鸡”是西安的传统名菜，也是待客的高规格的菜。以嫩母鸡为主料，薏米仁、姜片、葱段、料酒、精盐、清汤、味精等为配料。做法是将鸡腿煮熟后剔骨切块，薏米与葱姜炒熟，将熟的鸡块和薏米放入汤盆中，浇上高汤即成。薏米鸡在过去是极珍贵的一道菜。

图4－183 薏米鸡原料

图4－184 干烩三鲜

图4－185 汤烩三鲜

烩三鲜 [xuei^{55} sã^{24} ɕiã^{21}]

西安传统风味菜肴。在民间非常普及，是宴席上必上的一道菜。可干烩，也可加汤。“三鲜”指肉丸子、响皮、五花肉。将“三鲜”和香菇、黄花菜、青菜、木耳、土豆、鸡蛋等，加入盐、八角、小葱、香油、香菜、五香粉、姜、淀粉、猪油等调料翻炒，如果是干烩就少加汤，如果做汤就多加。烩三鲜味道鲜美，很适合普通人家的口味。

蜜汁葫芦 [mi^{24} tʂʅ^{21} xu^{24} lou^{21}]

西安地区特色菜肴。一般是主菜上完后上的一款甜食。蜜汁葫芦是用小麦面粉作主料，以鸡蛋、淀粉、猪板油、蜂蜜、白糖作配料炸制而成，因形状像葫芦，吃时要浇匀蜂蜜而得名。

图4－186 蜜汁葫芦（1）

图4－187 蜜汁葫芦（2）

五侯鲭 [u^{53} xou^{24} $tɕiŋ^{21}$]

西安地区传统名菜，经典陕菜之一。主料为水发刺参、鱼肚、鱼翅、甲鱼裙边、鱼皮、鲍鱼、干贝及高级清汤，选料珍贵，汤清味鲜，为宴席中的珍品。

图4－188 五侯鲭

五侯鲭据载为西汉娄护所创制。汉成帝母舅王谭、王根、王立、王商、王逢五位侯爷关系不融洽，娄护为调解矛盾，合王氏五侯家珍膳而烹饪成杂烩，传食于五家之间，后成为一道美味。鲭就是用鱼和肉及山珍海味烹制的杂烩，是中国大烩菜的始祖，随着时间的推移，发展成为流行各地的“全家福”“烩全家福”“烩三鲜”“什锦大杂烩”。“五侯鲭”传至沿海地区后，演变为“佛跳墙”。

温拌腰花 [$u\tilde{e}^{21}$ $p\tilde{a}^{55}$ iau^{24} xua^{21}]

西安传统特色风味凉菜。温拌是陕菜独有技法，方式很多，每种都略有不同。在调味上要一次定准，整个制作过程一气呵成。将猪腰子切成片，与粉丝、木耳、莴笋等入水汆熟；拌上食盐、酱油、醋、胡椒粉、料酒、姜、蒜。花椒放入香油中，油烧热后浇在菜上拌匀即成。

图4－189 温拌腰花

芥末三丝 [tɕie^{55} mo^{21} sã^{24} sɿ^{21}]

图4－190 芥末三丝

西安地区非常普遍的风味凉菜。把胡萝卜、青笋、粉丝或黄瓜、金针菇等切成丝，拌上芥末油和酱、盐、白糖、生抽、白醋、香油，撒上些香菜作为点缀。“芥末三丝”清爽利口，是下酒好菜。

三皮丝 [sã^{21} pʰi^{24} sɿ^{21}]

西安地区特色风味凉菜。三皮丝是由唐代韦巨源《烧尾宴》食单中的“羊皮花丝”演变而来的一道长安古菜。此菜以鸡皮、熟猪皮、海蜇皮为主料，加调料拌制而成。

图4－191 三皮丝

四　起居

一日两餐 [i^{24} ər^{21} liɑŋ^{53} ts^{h}ã^{21}]

关中地区一般百姓，尤其是农民，吃饭是每日两餐制。清早男人们到地里干活儿，九十点钟女人们把饭送到地里，吃完饭继续干活儿，到下午四五点回家吃第二顿饭。而在西安城镇，人们基本上是保持一日三餐的习俗。

老碗会 [lɑu^{21} uã^{53} xuei^{55}]

“老碗会”是一种戏称，指关中农村人端着饭碗，聚在村中某个相对固定的场所，一边吃饭，一边“谝闲传[p^{h}iã^{53} xã^{24} pf^{h}ã^{24}]”这一起居习惯。

图4－192 老碗会

在关中农村，大碗叫作“老碗[lɑu^{21} uã^{53}]”。关中农民特别是食量较大的青壮年人，喜欢端老碗吃饭，为的是减少再次盛饭的麻烦。

老碗会的“会址”是自然形成的。一般夏天多在宽敞、通风、树荫比较浓密的凉爽之处；深秋和冬天，则必在避风、向阳的暖处。一个村子往往有几个“会址”，一般说来，十几户至二三十户聚集的区域总有一个“会址”。除了下雨和寒风呼啸的天气外，几乎每天早饭、午饭时，都有不少人到老碗会场来吃饭。

有凳子不坐圪蹴下 [iou^{53} təŋ^{55} tsɿ^{0} pu^{21} tsuo^{55} kɯ^{21} tɕiou^{0} xɑ^{0}]

关中人把蹲叫“圪蹴[kɯ^{21} tɕiou^{0}]”。关中人爱蹲，有说法叫“站着累，坐着窝，圪蹴休息最受活”。蹲的姿势是膝盖弯曲，大腿压在小腿肚子上，这种姿势能消除疲劳、恢复体力。

关中农村人吃饭、开会、过红白喜事都喜欢蹲。农村的男人女人都爱端着大老碗蹲在一起吃饭“闲谝”，村头、老庙、碾盘前后，随处可见蹲成“一顺顺[i^{21} fẽ^{55} fẽ^{0}]”（一排排）的男女老少。

图4－193 有凳子不坐圪蹴下

图4－194 酿醋

酿醋 [ȵiaŋ^{21} tsʰou^{55}]

“酿醋”在西安有千百年的传统，商业性的作坊目前已经被现代化的中小企业所取代。西安民间酿造粮食醋的过程大致有扎曲、发醋、拌醋、搭醋（淋醋）等。拌醋时忌讳女人在场，忌讳外人观看，一般是男人晚上在家关了门拌醋，据说这是怕惊了“醋姑婆[tsʰou^{55} ku^{21} pʰo^{24}]”（传说“醋姑婆”就是醋神，是酒神杜康之妻）。拌醋完了后要在搭醋的瓮上披一条男人的裤子，据说因为“醋姑婆”爱男人，这样可以使醋香并且出醋率高。

伍·农工百艺

图5-1 织布

西安自古就是北方农业发达的地区之一。这里主产小麦、棉花和玉米，畜牧业以奶山羊为主，耕畜、家畜与北方其他地区无异。目前西安地区农业生产的技艺创新和现代化进程已经在全国处于领先水平，但传统的生产工具和生产方式仍然在很多地区保留着，也形成了很多独具特色的生产方式和习俗。

一　农事

夏忙口 [çia^{55} maŋ^{24} k^{h}ou^{53}]

又叫“忙口[maŋ^{24} k^{h}ou^{53}]”，即三夏，指夏收、夏种、夏管三项农事，是一年中重要的农业活动。夏忙口一般从每年五月中旬开始，至六月中旬结束，收割的主要是麦子、油菜等，播种管护的主要是玉米。

忙农会 [maŋ^{24} luŋ^{24} xuei^{55}]

每年“夏忙口”临近的时候，西安地区许多集镇如引镇、子午镇等都要举行“忙农会”。忙农会又称“农忙会[luŋ^{24} maŋ^{24} xuei^{55}]”“扫帚杈把会[sɑu^{55} tʂou^{0} ts^{h}ɑ^{21} pɑ^{0} xuei^{55}]”。忙农会主要销售三夏农具及其他生产生活用具，其间还会有唱戏、放电影等文艺活动，持续的时间从两三天到一周多的都有。周边各地的人们都会在这时“跟会[kẽ^{21} xuei^{55}]”（赶会），为夏收做准备。

牛马会 [n̥iou^{24} mɑ^{53} xuei^{55}]

西安及周边地区每年农历二月到四月都会有专门买卖牛马及其他畜牲的“牛马会”（又叫“骡马会[luo^{24} mɑ^{53} xuei^{55}]”）。牛马会有时也会和忙农会合二为一。

请麦客 [tç^{h}iŋ^{53} mei^{21} k^{h}ei^{0}]

关中地区把受雇帮人收麦子的人叫“麦客[mei^{21} k^{h}ei^{0}]”。因产量大，每年夏季小麦成熟时关中人都要从邻近甘肃、青海以及周边一些小麦晚熟区“请麦客”。随着收割机的普及，“麦客”已经逐渐成为历史概念。

看麦熟 [$k^{h}ã^{55}$ mei^{21} sou^{24}]

麦收是关中农村一年里最忙的时间，麦收过后大家都要休息一阵，亲朋好友之间走动看望，如女儿回娘家看望父母、女婿看望岳父母、外甥看望舅舅等，这叫“看麦熟”或“歇忙[$ɕie^{21}$ $maŋ^{24}$]”。

盘场 [$p^{h}ã^{24}$ $tʂ^{h}aŋ^{24}$]

小麦收割前整理麦场的过程叫“盘场”，又叫“光场[$kuaŋ^{21}$ $tʂ^{h}aŋ^{24}$]”。盘场一般在村中或村边的空旷处进行，也可以在收割过的麦地里进行。盘场需要先“平场[$p^{h}iŋ^{24}$ $tʂ^{h}aŋ^{24}$]”（清理场面），然后“泼场[$p^{h}o^{21}$ $tʂ^{h}aŋ^{24}$]”（泼水、撒草木灰），最后用“碌碡[lou^{21} $tsou^{0}$]”碾压平整。

碾场 [$ȵiã^{21}$ $tʂ^{h}aŋ^{24}$]

一种脱粒方法，把收回的小麦平摊在麦场，然后用碌碡反复碾压，去皮脱穗。碾场时拉动碌碡用机械、牲畜等均可。

图5-2 碾场（李亮　摄）

扬场 [$iaŋ^{24}$ $tʂ^{h}aŋ^{24}$]

用木杈或木锨把麦场的麦粒扬起，借助自然风力或利用风车，把麦粒和麦糠分成两堆。扬场需要掌握很高的技术要领，高低、方向等要分寸得当，否则麦粒与糠就分不开。

图5-3 扬场（李亮　摄）

图5－4 打连枷

打连枷 [ta53 liã24 tɕia0]

“打连枷”又称“打场[ta53 tʂʰaŋ24]”，指用“连枷”拍打谷物使其脱粒的过程。打连枷一般在午后进行，这时麦穗已被晒干，脱粒很快。打连枷的工具叫“连枷”，它的后端是长约两米的柄，前端是用数根近一米长的细木棍或竹条并排编成的“连枷拍[liã24 tɕia0 pʰei21]”，连枷拍用轴与长柄相连，可以自由旋转，拍打谷物。

摞麦秸 [luo24 mei21 tɕiã0]

西安话称“麦草”为“麦秸[mei21 tɕiã0]”。摞麦秸是“忙罢[maŋ24 pa55]”（三夏大忙结束）的标志。因为旧时麦草是很重要的燃料及牲口饲料，麦草要在一定地方堆放以防止霉变。青壮年男子把麦草从场上运到某个角落拨理顺溜，然后从下面往上丢。摞好的麦秸堆心实边子齐，顶尖匀称，不走形，风吹不散，雨淋不透。一户人家的麦秸一般要摞一半天，主人要以好酒、好烟、好茶饭款待帮忙者，下午还要“吃偏晌[tʂʰʅ24 pʰiã21 ʂaŋ53]”（加餐）。

图5－5 摞麦秸（李亮　摄）

忙罢会 [maŋ^{24} pɑ^{55} xuei^{55}]

当地民间有麦收后在村上或镇上举办集会来庆祝丰收的习俗，称为“忙罢会”，每个村都有一个日子。过会时讲究女儿女婿给娘家父母行“忙罢礼”，送“油塔”（见“饮食起居”的“金线油塔”条）等礼品，故又叫“油塔会[iou^{24} tʰɑ^{21} xuei^{55}]”。会上不仅有各类文娱表演，还卖各种工具、牲口、日用杂货等，非常热闹。

灌粪 [kuã^{55} fẽ^{55}]

一种上肥方法，将稀的大粪或化肥均匀地倒进地里的水渠中，使其顺水流到农作物根部。

漾粪 [iɑŋ^{55} fẽ^{55}]

指用铁锨把地里堆积的粪堆铲开均匀地撒在地里。

漾种子 [iɑŋ^{55} pfəŋ^{53} tsɿ^{0}]

指播种麦子等作物时用手把种子均匀地撒到地里，也称“撒种[sɑ^{53} pfəŋ^{53}]”。

猪蹄环 [pfu^{21} tʰi^{24} xuã^{0}]

关中地区百姓买卖猪的时候习惯把猪蹄子绑起来以防其乱动，绑猪蹄的结是双环交叉的，叫作“猪蹄环”。

卖猪不卖绳 [mɛ^{55} pfu^{21} pu^{21} mɛ^{55} ʂəŋ^{24}]

当地人认为卖家畜家禽时如果连绳、笼头、鸡笼等卖掉会把好运气带走，以后不好再喂养，故在交易牲口时要把牵猪的绳、装鸡的笼带回去，买家需要自带这些工具，即“卖猪不卖绳，卖鸡不卖笼”。

二　农具

图5－6 石磨

石磨 [ʂʅ^{24} mo^{55}]

把米、麦等粮食加工成粉、浆的工具。石磨由两个磨盘上下叠置，磨盘之间用“磨柱子[mo^{55} pfu^{55} tsʅ^{0}]”（下磨盘中央的铁轴）和“磨脐儿[mo^{55} tɕ^{h}iər^{24}]”（上磨盘中央的凹坑，与铁轴吻合）互相吻合，上磨盘有“磨眼儿[mo^{55} ȵiɐr^{53}]”，上下磨盘接合处有“磨齿[mo^{55} ts^{h}ʅ^{53}]”，粮食碾碎后从磨齿缝中间流出。石磨有三种：“旱磨[xã^{55} mo^{55}]”磨粮食，“水磨[fei^{53} mo^{55}]”磨豆腐之类，“油磨[iou^{24} mo^{55}]”磨菜籽榨油。“推磨[t^{h}uei^{21} mo^{55}]”可以用人或牲畜。

碾子 [ȵiã^{55} tsʅ^{0}]

通过碾压把粮食作物脱壳、去皮、碾碎的工具。碾子由“碾盘子[ȵiã^{55} p^{h}ã^{24} tsʅ^{0}]”、“碾磙子[ȵiã^{55} kuẽ^{53} tsʅ^{0}]”、“碾架[ȵiã^{55} tɕiɑ^{0}]”（又叫“桲架[po^{21} tɕiɑ^{0}]”）和“碾棍[ȵiã^{55} kuẽ^{0}]（推碾子的木棒）”组成。碾盘子中心有轴，连着碾架，架中装碾磙子，用人推或牲畜拉。用碾子碾粮食叫“滚碾子[kuẽ^{53} ȵiã^{55} tsʅ^{0}]”。和石磨不同，碾子只能加工颗粒状食料，不能磨粉榨油。

图5－7 碾子

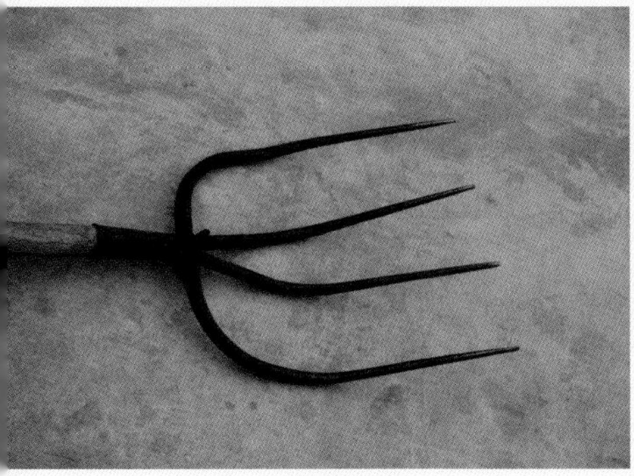

图5－8 铁杈

图5－9 木杈

杈 [$ts^{h}ɑ^{21}$]

一种常见的农具，由木把和齿构成，齿很长，主要在晒场上铲、撮麦秸等。根据质地的不同，分为铁杈、木杈；根据形状的不同，分为两股杈、三股杈、四股杈、五股杈、九股杈等。

钯 [$p^{h}ɑ^{24}$]

即“钉钯[$tiŋ^{21}$ $p^{h}ɑ^{0}$]”，主要功能是挖土等。前端有齿，两齿、三齿、九齿的最常见。

图5－10 三齿钯

图5－11 九齿钯

搂麦钯 [lou^{24} mei^{21} $p^{h}ɑ^{24}$]

钯的一种，前端是长约半米到一米的横条，上装有木齿。搂麦钯的齿不能挖，多用于晒粮食或搂麦草。又称“晒钯子[$sɛ^{55}$ $p^{h}ɑ^{0}$ $tsɿ^{0}$]”。

图5－12 搂麦钯

图5－13 搡钯

图5－14 搂钯

搡钯 [saŋ⁵³ pʰɑ²⁴]

"搡钯"没有齿，直接在木柄前端平装一块长条形木板或铁板，作用主要是在晾晒粮食时将粮食推开或聚拢，又称"推钯 [tʰuei²¹ pʰɑ²⁴]""刮板子 [kuɑ²¹ pã⁵³ tsɿ⁰]"。"搡"就是"推"的意思。

搂钯 [lou²¹ pʰɑ²⁴]

当地常见农具，在木柄的前端立着装一块长方形铁板或木板。搂钯和搡钯一样没有齿，但稍短一些，操作比搡耙方便，既可以搂揽又可以刨挖。

耙 [pɑ⁵⁵]

关中农村常用的一种农具。在"回"字形木框的四周镶有一排十公分左右的铁齿，可以翻松土地，还可以把土块弄碎。当田地坚硬无法耕种或田地里有较多大土块时，一般都需要用耙来翻整土地。使用时用牲畜或人在前面拉，耙上站着人或压着大石头。由于耙齿较疏，用耙翻过的土地不太平整，还需要用"耱[mo⁵⁵]"平整土地，当地人称"先耙后耱[ɕiã²¹ pɑ⁵⁵ xou⁵⁵ mo⁵⁵]"。

图5－15 耙

耱 [mo^{55}]

又称“耮[lau^{24}]”“耱地耱[mo^{55} ti^{55} mo^{55}]”，一种在木架上用荆条或藤条编成的长方形农具，主要用来进一步平整土地和掩土保墒。使用方法和耙相似，由牲畜或人在前面拉。

图5－16 耱

骨都子 [ku^{21} tu^{0} tsɿ^{0}]

砸碎土块的农具。一端是长柄，一端是粗短的圆木块。

锨 [ɕiã^{21}]

分“铁锨[t^{h}iɛ^{24} ɕiã^{21}]”和“木锨[mu^{24} ɕiã^{21}]”。前端一般为方形或梯形，主要用来铲土或农作物。

图5－17 铁锨

炭锨子 [t^{h}ã^{55} ɕiã^{21} tsɿ^{0}]

锨的一种，专用于烧灶、烧炕时铲煤、煤灰等。炭锨子一般为铁锨，锨头较小，三面有围挡。

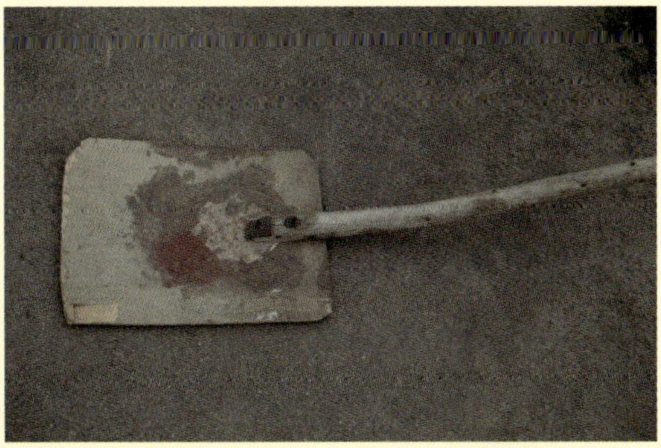

图5－18 木锨

图5－19 炭锨子

图5－20 镢头

图5－21 各种镢头

镢头 [tɕyɛ^{21} t^{h}ou^{0}]

一种常见农具，又叫“镢锄[tɕyɛ^{21} ts^{h}ou^{24}]”，主要作用是挖。镢头整体呈长条形，根据具体用途的不同形状略有差异，用于挖硬土的镢镢面窄短，用于挖松软土地的镢镢面宽大。

□锄 [p^{h}ã^{53} ts^{h}ou^{24}]

西安话把锄头叫“□锄[p^{h}ã^{53} ts^{h}ou^{24}]”。相比镢头，“□锄[p^{h}ã^{53} ts^{h}ou^{24}]”更适合挖较松软的东西，例如除草。

洋镐 [iaŋ^{24} kau^{21}]

一种农具，一头尖，一头扁，适宜刨挖硬质土地。

麦搭钩 [mei^{21} ta^{24} kou^{21}]

一种农具，长柄，顶端是两根弯曲的铁钩，又称“麦钩[mei^{21} kou^{0}]”，主要用来把麦草、麦捆从摞子上拉下来。

图5-22 □锄[p^{h}ã^{53} ts^{h}ou^{24}]

图5－23 洋镐

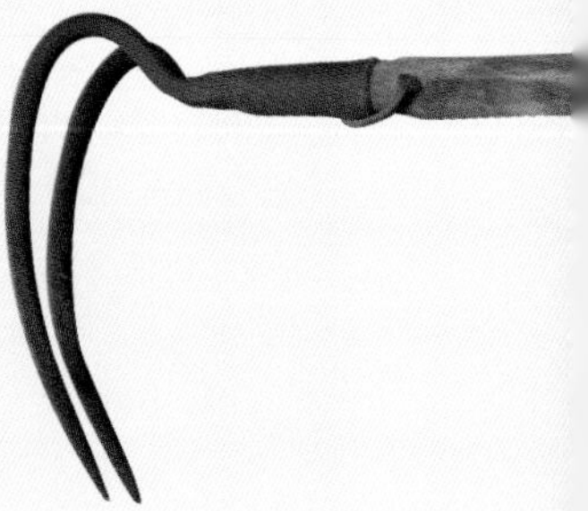

图5－24 麦搭钩

刈子 [i^{21} tsɿ^{0}]

又叫“割麦镰[kɤ^{24} mei^{21} liã^{24}]”，是一种用来割麦的工具，木柄，前端装上刃片，如“一”字形。

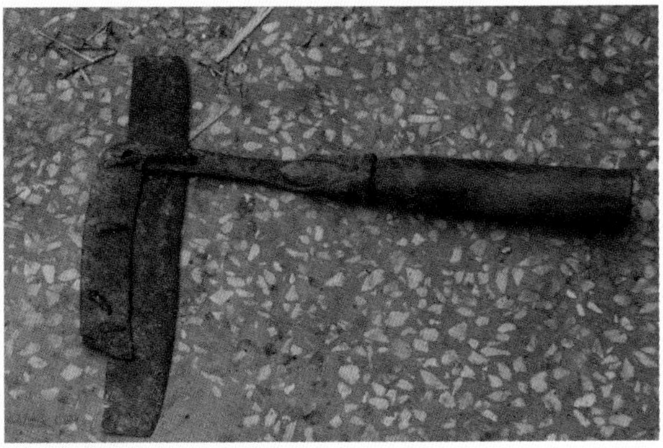
图5－25 刈子

镰刀 [liã^{24} tɑu^{21}]

一种常见农具，由木把和刀片组成，主要用于割麦、稻、玉米等农作物和杂草等。

图5－26 镰刀

砍刀 [k^{h}ã^{53} tɑu^{21}]

一种常见农具，刃部宽厚，形状如半月，下装木柄或铁柄，主要用于砍割木材等。

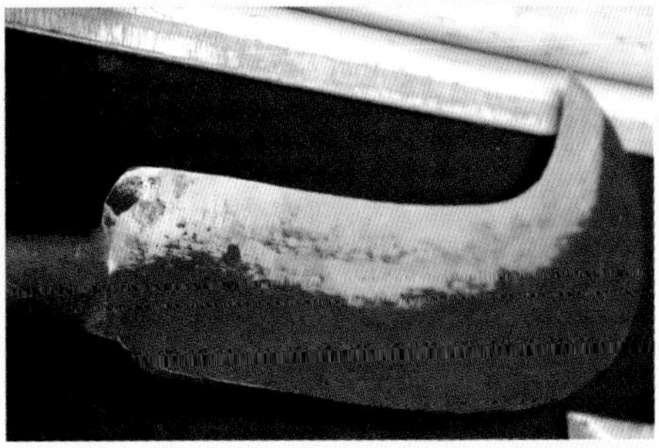
图5－27 砍刀

钐子 [sã^{21} tsɿ^{0}]

一种割麦工具，用竹子编成，前部编成网状，后部装有把柄。操作时给钐子装上刀片，齐腰握住，一手握住把柄，一手拉着牵绳，自右至左抡圆一挥，方圆一米内的麦子就割倒坠入网中。钐子适合在麦穗未倒时大规模操作。用钐子割麦子时，后面一般需要跟人随时将割倒的麦子分堆捆扎。

图5－28 钐子

独犁子 [tou^{24} li^{24} tsɿ^{0}]

即单头犁，只有一个犁面的犁。比较小巧，适合小规模作业，使用非常普遍。独犁子只松土，不翻土。

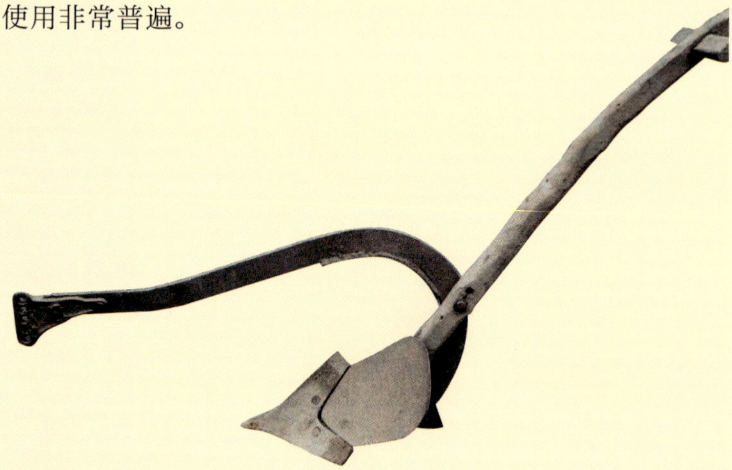

图5－29 独犁子

耧 [lou^{24}]

又叫“耧车[lou^{24} tʂ^{h}ɤ^{21}]”，一种播种工具，由耧脚、耧斗、扶手、拖板等部件组成。耧斗呈漏斗状，内装粮种，可以在翻土开沟的同时均匀下种。耧耕时先调好耧斗内的耧门以控制下种的量，前面用人或牲畜牵引，后面用人扶住耧车的把手边走边种，系在后面的拖板随即覆土掩埋。以前多为木耧，现在多为铁耧。

图5－30 耧车

图5－31 笼

图5－32 装柴禾的老笼

笼 [luŋ^{53}]

用竹篾、荆条或柳条编成的器具，主要用来盛物。一般的笼较小，可以挎在肘上。个体较大的笼又叫“老笼[lɑu^{53} luŋ^{53}]”，类似于筐子，主要放在地上，多用来装柴禾、下地挖菜等。从用途和特点来分，有馍笼、五升笼（可以装半斗麦子的笼子）、提货笼（有盖子的长形笼子）、气死猫儿笼（猫无法钻入的笼子）等。

担笼 [tã^{21} luŋ^{0}]

一种比较大且形状较扁的笼。因可以用扁担挑，故称“担笼”。因经常用来拾粪，又叫“粪笼[fẽ^{55} luŋ^{0}]”。

图5－33 担笼

嚼子 [tsuo^{24} tsɿ^{0}]

又叫“岔子[tsʰɑ^{55} tsɿ^{0}]”，指横放在马、骡等牲口嘴里的小铁链。两端连在笼头上，可以控制牲口的活动，方便驱使。

图5－34 嚼子

驴夹嘴 [y^{24} tɕiɑ^{21} tsuei^{53}]

戴在驴嘴上的笼头，半圆形，主要作用是阻止驴吃东西，又称"笼头[luŋ^{24} t^{h}ou^{0}]"。戴在牛嘴上的叫"牛笼嘴"。

捂眼 [ŋã^{21} ȵiã^{0}]

又叫"蒙眼[məŋ^{24} ȵiã^{53}]"。指用牛、驴、骡子等拉石磨、碾子时，为防止牲畜吃粮食，同时也防止牲畜转晕和乱跑，给牲畜眼睛上蒙的眼罩。

图5－35 戴着捂眼的牛

拧车 [ȵiŋ^{24} tʂ^{h}ɤ^{0}]

手工拧绳的一种传统工具，可以将干草、碎布、麻、皮等拧成长短不一的绳子。在关中农村十分普遍。

图5－36 拧车

脱粒机 [t^{h}uo^{21} li^{24} tɕi^{21}]

利用风力将谷粒、麦穗等的外皮去掉的机器。

图5－37 老式脱粒机

三　手工艺

织布机 [$tʂʅ^{21}$ pu^{55} $tɕi^{0}$]

特指老式的木制织布机，又称织机。老式织布机操作复杂，有的工序需要两人合作，按操作姿势分站立式和跪坐式两类。

图5－38 织布机

剃头担子 [tʰi^{55} tʰou^{24} tã^{55} tsɿ^{0}]

剃头匠的流动摊子，用扁担挑着沿街吆喝，为人剃头刮脸。扁担的一头是炉子、热水等，一头是剃头工具和凳子。这就是俗话说的“剃头担子一头热”。今天西安城内很少见到剃头担子，但城乡结合部和农村还有。

图5－39 街边的剃头担子

打竹帘 [tɑ^{53} tsou^{21} liã^{24}]

西安民居房门上夏天大都挂着竹门帘，既可以防蚊虫又可以保护隐私。打竹帘就是一种走街串巷帮人制作或修补竹门帘的行当。

捞捏钩 [lɑu^{21} ȵiɛ^{24} kou^{21}]

一种专门帮人从井里捞桶的行当。旧时西安很多人家院子里面都有井，打水时先用井绳上的铁捏钩扣住桶梁，再放辘轳上的井绳。操作不当桶会掉进井里，另外，井绳使用时间长了也会发生绳断桶落的事情，于是“捞捏钩”的行业便应运而生。

抢刀磨剪子 [tɕʰiɑŋ^{21} tɑu^{0} mo^{24} tɕiã^{53} tsɿ^{0}]

一种走街串巷帮人磨刀剪的行当。磨刀人通常肩挎长凳，长凳上固定有磨石等工具，边走边喊“抢刀磨剪子”。

打褙子 [tɑ^{53} pei^{55} tsɿ^{0}]

褙子是一种用铺衬粘裱而成的制作布鞋鞋底的原料，“打褙子”就是粘裱褙子的活儿。旧时西安城内东南角的东县门街一带有很多家褙子铺。

弹棉花 [tʰã^{24} miã^{24} xuɑ^{0}]

一种将棉花制成棉被、棉衣的工艺，原料可以是新棉絮，也可以是旧棉套。弹棉花的工具叫“弹棉花弓[tʰã^{24} miã^{24} xuɑ^{0} kuŋ^{21}]”，以牛筋为弦。弹时用木槌敲击弓弦，弓弦在棉花上弹动，使棉花逐渐疏松并除去灰土杂质，最后再用纱线网套固定。现在西安地区仍有这种传统的手工艺。

图5－40 席包（孙立新　摄）

苇编 [y^{53} piã^{21}]

西安及其周边地区的河道两边芦苇很多，苇编制品比较常见。苇编制品一般以生活用品为主，如“席子[ɕi^{24} tsɿ^{0}]”“席包[ɕi^{24} pau^{0}]”等。席包是一种狭而长的粗席子，主要用来围囤粮食，又称“茓子[ɕyɛ^{21} tsɿ^{0}]”。长苇蔑编完席子后的下脚料还可以编织其他小件用品，还可以用下脚料来补烂了的席子。

竹编 [tsou^{24} piã^{21}]

西安及其周边地区的竹编制品比较常见。人们可以利用竹篾编织出箩、筐、篮、罐、盒等生产生活用品，也常编艺术观赏品，如灯笼、花瓶、各种动物造型等。其中东郊狄寨的竹篾子灯笼最有名。

图5－41 竹编（孙立新　摄）

四　商业

鬼市 [kuei^{53} sɿ^{55}]

旧时西安一种专门买卖旧货的市场，半夜开市，天亮收市，做生意的大多偷偷摸摸，故称“鬼市”，不属于正规的市场。鬼市上交易的物品种类繁多，因来路不明，又有很多假货，所以十分便宜。西安著名的鬼市在东门城墙下顺城东路一带，以民乐园为中心，东到中山门马道一线，南到东大街，西到尚仁路，北到城墙根。20 世纪 90 年代以后，鬼市慢慢地销声匿迹了。

人市 [ẓẽ^{24} sɿ^{55}]

即劳动力市场，一般在路边，没有固定场地，闲散劳动力聚集在此等待被雇用，有泥瓦工、木工、电工、水工、油漆工等。20 世纪 60 至 70 年代西安最著名的人市在端履门一带，现在人市大多被正规的劳务市场取代。

灯市 [təŋ^{21} sɿ^{55}]

旧时每逢正月初，西安近郊的一些农民便会带着自家糊的灯笼，聚集在城内东、西木头市一带出售，叫作“灯市”。如今正月卖灯的地方散见于很多街巷，出售的灯笼样式繁多。

图5－42 年节时村镇里的灯市

井园子 [tɕiŋ^{53} yã^{24} tsɿ^{0}]

旧时西安以吃井水为主，但城里很多地方的井水水质不好，是“苦水井”，无法饮用，所以需要去“井园子”买淡水。井园子多集中在城西一带，以开凿于康熙年间的西门瓮城内甜水大井最好，那里水质优良，水量充沛。西安城墙西南角含光门内有一条街道叫“甜水井”，是最著名的井园子。

图5－43 西门内甜水大井（1）

图5－44 西门内甜水大井（2）

图5－45 西门内甜水大井（3）

图5－46 老茶炉子

茶炉子 [ts^{h}ɑ^{24} lou^{24} tsɿ^{0}]

旧时帮人代烧开水的铺子。茶炉子一般都设有大水灶，四五个大铁壶交替烧水。需要带开水的人上班时将“电壶[tiã^{55} xu^{24}]”（暖水瓶）放到茶炉子，下班时取回。茶炉子也常兼作茶馆，可以喝茶歇脚。西安城内端履门、东厅门一带的茶炉子非常有名，20 世纪 90 年代后茶炉子已逐渐消失。

酱园 [tɕiɑŋ^{55} yã^{24}]

制作并出售酱菜、酱油、面酱等酱制品的地方，多为私人作坊。旧时西安著名的酱园有天生园、上海酱园、新兴酱园、复兴酱园、荃馨斋酱园等。今天酱园大都被现代化的酿造工厂所取代。

捏码子 [ȵie^{21} mɑ^{53} tsɿ^{0}]

西安地区旧时的牲口交易过程中通过在袖筒里或帽子底下互捏手指来讨价还价，可以做到对报价保密，称为“捏码子”。1 至 5 捏 1 至 5 根指头，6 捏大、小拇指，7 捏大拇指、食指和中指，8 捏大拇指和食指，9 把食指弯曲，10 握成拳头。有谚语说：“七捏捏，八撇撇，九勾勾，十锤头。”

村会 [ts^{h}uẽ^{21} xuei^{55}]

西安一带的亲戚过会，时间一般在农历四月到十月，而以六七月过会村庄最多，因此有“长安户县六/七月炸”之说。

村会多数是在立夏后“看忙[k^{h}ã^{55} maŋ^{24}]”和“看忙罢[k^{h}ã^{55} maŋ^{24} pa^{55}]”（见“岁时节令”的“看麦梢黄”条）的基础上形成的。农历四月初到十月，西安一带的每一个村庄都要过会，每村一天，轮流进行。过会时亲戚都要带着礼品前来，中午主人以酒菜及臊子面等热情款待。女儿给父母拿的礼物一般是油塔、点心、鸡蛋等，父母给女儿、舅舅给外甥的礼品一般是曲连馍、桃子、沙果、苹果、甜瓜等。

庙会 [miau^{55} xuei^{55}]

庙会指在寺庙、集镇附近进行祭神、娱乐、购物等活动的大型集会。现在西安城里的大型庙会主要在春节前后举办，有城隍庙庙会、大唐西市庙会、荐福寺（小雁塔）庙会、大唐不夜城庙会等，已经逐渐发展演变为年节期间百姓娱乐购物的重要场所。

图5－47 大唐西市春节庙会

图5－48 庙会

陆·婚育丧葬

图6－1 耍笑新郎父母是婚礼的重头戏

随着历史的发展和社会的变迁，很多人们日常生活中的礼仪在逐步消失。地处四塞之中的西安地区虽然有着上千年的帝都文化，传统思想根深蒂固，比较完整地保留了生育和婚丧嫁娶的各种礼仪，但还是避免不了现实的冲击。本章所涉及和列举的民俗活动是通过实地考察而获得的，虽不十分完整，但也保留了其中的主要部分。

一　婚事

婚动咧 [xuẽ²¹ tuŋ⁵⁵ liɛ⁰]

西安民间把开始给某人提亲叫“婚动咧”。当地基本上没有专门的说媒者，但常有人热心为男女青年穿针引线。在为儿女提亲后，父母要去打听对方人品、长相、身体等情况。朴素的农家人以其家长是“过日子人”（本分庄稼人）为理想条件。民间还有所谓的“宁教男大十（岁），不教女大一（岁）”的讲究。

合八字 [xuo²⁴ pɑ²¹ tsɿ⁰]

又叫“拿八字[nɑ²⁴ pɑ²¹ tsɿ⁰]”或“发八字[fɑ²⁴ pɑ²¹ tsɿ⁰]”。当有人向某男青年说媒，男家对所提说的姑娘基本满意时，就会请阴阳先生来“合八字”。请媒人要来姑娘生辰八字写在红纸上，把这张红纸压到灶爷香炉下或祖宗神龛上。若三天里男家一切平安，就认为这门亲事有成功的可能，这才和媒人商量下一步的事情。

看媳妇 [kʰã⁵⁵ ɕi²¹ fu⁰]

指男青年到女家去见面。20世纪90年代前，大多是媒人领着男青年提上“四重礼”（四样礼物，一般都是副食）到女家去，女青年端着茶水让男青年喝，若双方同意，即互赠礼品。

套亲 [tʰɑu⁵⁵ tɕʰiẽ²¹]

指订婚仪式。西安地区订婚的叫法差别很大，有把订婚或订婚仪式叫“套亲[tʰɑu⁵⁵ tɕʰiẽ²¹]”（即两家从此结为姻亲）的，有叫“过礼[kuo⁵⁵ li⁵³]”（把彩礼由男家拿到女家）的，有叫“封礼[fəŋ²¹ li⁵³]”（彩礼都要用红纸封起来）的，有叫“照书[tʂɑu⁵⁵ ʂu²¹]”（“书”

指庚帖）的。

吃送亲酒 [tʂʰʅ^{21} suŋ^{55} tɕʰiẽ^{21} tɕiou^{53}]

当女方嫁到男方家时，娘家人要选派一定数量的人随轿送新娘到男家，这一过程叫“送亲[suŋ^{55} tɕʰiẽ^{21}]”。送亲的人中必须包括女方的兄弟姐妹、亲朋好友，而且男女必须对等。送亲到了男家，送亲者或伴新娘在房中静坐，或随便走走，但不能和新娘讲话。在婚宴上，送亲者都是坐主桌，其中新娘的兄弟必须在主桌正座上坐。婚宴开始，送亲者也是被逗乐子的主要对象。如果在迎娶时男方吃过女方的“亏”，这时就要对送亲者来一番“报复”，以此逗乐。送亲者吃罢喜宴后先到新房与新娘告别，然后向男方的公婆长辈告别后就可以回家。

吃会亲酒 [tʂʰʅ^{21} xuei^{55} tɕʰiẽ^{21} tɕiou^{53}]

吃会亲酒是指新娘的长辈，如父母、祖父母、叔伯、姑婶、外祖父母、舅父母、姨夫姨妈等在新娘结婚的第二天到男方家中赴宴。在酒宴上，新娘的父母要为新郎一一介绍新娘的长辈，新郎一面叫新娘的长辈，一面为这些长辈敬酒。这时，新娘的长辈都要拿出“见面钱”（事先准备好的红包）给新郎。吃罢会亲酒回家前，新郎家也有一份“草纸包”（红包）给新娘家的长辈。从此双方就算熟悉了，以便日后互相来往。

四样礼 [sɿ^{55} iaŋ^{55} li^{53}]

西安婚俗中的“四样礼”，是男女双方家中长辈十分重视的一个礼节。在男方迎娶女方的时候，一定要给女方父母呈上“四样礼”。

第一样礼是“心头肉[ɕiẽ^{21} tʰou^{24} ʐou^{21}]”。这块肉颇有讲究，即“一刀切下，六斤左右，四根肋条，五花三层，连皮带肉”。民间的说法是女娃出生时差不多六斤左右，

图6－2 四样礼（1）

图6－3 四样礼（2）

这六斤是娘身掉下的，自然是娘的“心头肉”，养大成人不易，如今一朝出嫁，这“六斤左右”新女婿是要还丈母娘的。第二样礼是“莲菜[liã²⁴ tsʰɛ⁰]”。莲菜的形状要两根并生、长势茁壮、节生小枝、枝再生枝、盘根相错的那种，可以有大有小，但万万不能有断裂。其寓意是“接连生子”。第三样礼是“烟[iã²¹]”（西安话“烟、缘”声、韵相同）。寓意美满姻缘。第四样礼是“酒[tɕiou⁵³]”。寓意天长地久。烟酒都要买双数，成双成对，讨个吉利。

三金 [sã²⁴ tɕiẽ²¹]

即金戒指、金耳环、金项链，彩礼的代名词。近年来西安地区彩礼数量逐渐增多，礼金已增加至上万元，但最典型的还是讲究“三金”。

发媒 [fɑ²¹ mei²⁴]

男女双方见面后，如都满意对方，经过“换帖”“选日子”，约定婚期后，男方就会聘请媒人到女方家告知婚期，请女方提前做好准备。这个过程称为发媒。

换帖 [xuã⁵⁵ tʰiɛ²¹]

相亲后两家父母如都同意，即换庚帖合婚，将双方出生年月日时写在红纸上，请人卜算，看相互间是否相克，如果合婚，就要择日下聘。

选日子 [ɕya˜⁵³ ər²¹ tsɿ⁰]

即选择吉期结婚，乡下又叫“合日子[xuo²⁴ ər²¹ tsɿ⁰]”。男方欲娶，经媒人说通女方后，请先生推算吉期。首先看男、女属相的“利月”“败月”，有一首合婚“利月”谣：“五、七迎鸡兔，二、八虎与猴，三、九蛇共猪，四、七龙与狗。牛羊五、十、一，六、腊鼠马走。”其次，选择吉日、吉时。除上述讲究之外，还忌讳择吉时寡妇和四只眼（孕妇）的人接近，怕冲了“喜”。

上喜坟 [ʂɑŋ⁵⁵ ɕi⁵³ fẽ²⁴]

新郎新娘在订婚后或婚礼仪式正式开始前要拜祭祖先，叫上喜坟。上喜坟和其他祭祖方式不同的是要在祖先的坟头上压上红纸并放鞭炮。城镇地区上喜坟通常是在家中供奉祖先牌位。“上喜坟”的目的是告慰先人，他们的后代即将成家，家族即将添人进口，家族的香火得以延续，同时也愿祖先保佑后代幸福安康，家族兴旺，后继有人。

图6－4 婚礼前给祖先牌位上香

吃喜头饭 [tʂʰʅ^{21} ɕi^{53} tʰou^{24} fã^{55}]

就是在姑娘或小伙子找到对象后，男女方的至亲各自请未来的新郎、新娘到家中吃饭。

暖房酒 [nuã^{53} fɑŋ^{24} tɕiou^{53}]

新郎在婚礼的前一天晚上请男方的家属亲友吃一顿酒席，称为“暖房酒”。据说邀请亲朋好友来暖房可以增加房子的人气，将房子里的阴暗污浊之气驱赶出去。古人认为房子没人住就会有鬼怪住进来，有阴邪之气，因此要通过热闹的聚会来驱赶。后来这种传统就延续下来了。

压床 [ȵiɑ^{21} pfʰɑŋ^{24}]

青年男女结婚的头天晚上，新郎家要请儿女双全的老人把床铺好，然后新郎请一个或者两个弟弟和自己一起在新床上就寝。压床的人也有条件限制，不是随便什么人都能压的。首先，压床的人必须是小于新郎的青年，一般都是自己的亲弟弟，或者是叔伯弟弟和姨表弟弟。如果在自己的亲戚范围内没有这样的人选，也可以找同村的朋友和要好的同学。压床人的第二个条件，必须是未婚青年。

除了请十七八岁的青年压床外，有的地方还讲究请四五岁的男孩儿压床，这是从延续子孙的角度来考虑的。这个压床的男孩儿与压轿的男孩儿一样，都是新娘婚后生育的象征。如果男孩儿在压床的时候，不小心尿在了新床上，这是吉利加吉利。

添箱 [$t^hiã^{24}$ $ɕiaŋ^{21}$]

指陪嫁的家具。最主要的是一对木制大箱子。箱子一般漆成黑色或者枣红色，上面画着夸张而充满喜庆色彩的牡丹富贵图。

送路 [$suŋ^{55}$ lou^{55}]

结婚前一日女方家的重要活动，也叫“亮嫁妆[$liaŋ^{55}$ $tɕia^{55}$ $pfaŋ^{21}$]”。通常天刚亮，女方长辈便将给女儿做好的陪嫁全部摆放出来。这时，左邻右舍的三婶四妈，或从小一起长大的伙伴和姐妹们，会用自己平时积攒的钱买一对香皂盒、一个小镜子之类的东西送来，或几个人合起来送一个装有风景画的镜框。

招待“送路”的客人，并不用酒席。主人要在前一天，煮一盆黄豆，再和煮熟切成小丁的胡萝卜放在一起，在锅里加点清油和盐，炒成“咸豆”，热情地给“送路”的姑娘们抓一些。如果来人带着孩子，临走前，还会给孩子抓一些带走。

开脸 [$k^hɛ^{21}$ $liã^{53}$]

为新娘去除面部的汗毛，剪齐额发和鬓角的仪式，又称“绞面[$tɕiau^{21}$ $miã^{55}$]”“绞脸[$tɕiau^{21}$ $liã^{53}$]”“捋脸[ly^{21} $liã^{53}$]”，出嫁前在女方家里进行。开脸人须是父母子女双全的妇女，工具有新镊子、五色丝线或钱币等。开脸后，要给开脸人封红包。因为这是人生的头一遭，所以称作开脸。

摆陪房 [$pɛ^{53}$ p^hei^{24} $faŋ^{24}$]

男方迎亲的人到女家后，要依次吃三顿饭：便饭、面条、酒席。饭罢由迎亲的领头人给女家长辈磕头，女方家主妇在院子的案子上或在沙发上“摆陪房”——衣服、鞋袜、化妆品、被毯等，让来客看。最后将陪房点清装进箱子里带回男方家。

图6－5 摆陪房（日用品）

图6－6 摆陪房（被褥）

七娶八送 [tɕʰi^{21} tɕʰy^{53} pɑ^{21} suŋ^{55}]

西安一带传统婚俗中讲究“七娶八送”。“七娶”，男家前往娶亲的六男一女（这个女的必须是“全命人[tsʰuã^{24} miŋ^{55} ʐẽ^{24}]”）共七人；“八送”，女家送亲的由八位成年男子充当，另有两位“全命人”女客及新娘未成年的弟弟或外甥、侄儿两人，实际上是“十二送”，共十男两女，是女家希望男家人丁兴旺的意思。

哭嫁 [kʰu^{21} tɕiɑ^{55}]

哭嫁习俗是一种历史久远的民间婚嫁习俗，西安农村还保留有这一古老习俗。新娘在出嫁的当天，要不断地哭诉，感谢父母的养育，直到被迎娶到新郎家门才算结束。现在城里人已经完全没有这种习俗，农村人哭嫁的也不多了。

挂门帘 [kuɑ^{55} mẽ^{24} liã^{24}]

娘家送亲的队伍中有两个男孩充当两个角色，一个提包袱，一个挂门帘。男方接新娘回来后，挂门帘男孩把男家挂在洞房的门帘子卸下来，把新娘拿来的“陪房”门帘子挂上去。婚宴前，这个“挂门帘子”的男孩须向新郎“交钥匙”：“挂门帘子”的男孩从一个绣了花的布包里掏出钥匙，交给新郎，新郎先向这个男孩行礼，然后男孩向新郎行礼，此时婚宴方可开始。

图6－7 挂门帘

图6－8 食盒

食盒 [ʂʅ^{24} xuo^{24}]

在传统风俗中，食盒是男方订婚仪式上的专用器具。男家备好礼后，择吉日用两架大食盒送到女方家，一个食盒里放彩缎、衣料、红礼单、喜帖等，一个食盒里放酒肉、礼馍等。每个食盒格里都放得满满当当的。女家验收无误，全部收下，将酒肉食品放到祖宗神案前祭祀，放炮庆贺。如果彩礼不齐备，女家不同意，不能烧香放炮。男家人返回时，女方有“回头话”，即将事先做好的袜底、袜子、枕头、腰带、新鞋以及礼馍用红线绑好，放到食盒里，作为“回礼”。

打草节 [tɑ^{53} ts^{h}ɑu^{53} tɕie^{21}]

新娘到新郎家后，由新郎的一个兄弟男扮女装，抱着贴“喜”字的红升子，向新娘身上撒红升子里面装的草料、核桃、红枣和铜钱等，这种仪式叫作“打草节”。

踩四角 [ts^{h}ɛ^{53} sʅ^{55} tɕyo^{21}]

拜堂完毕后，新郎、新娘在众人簇拥下进入洞房的第一件事就是新娘要在炕上踩着床单四角左转三圈，右转三圈。踩的时候还要有“全乎”人在旁边念诵祝福语。

合缘法 [xuo^{24} iã^{24} fɑ^{0}]

关中话把“缘分”叫“缘法[iã^{24} fɑ^{0}]”。新郎、新娘拜过堂，新娘和跟随的亲戚进入洞房后，会有新郎的一位未成年的妹妹或侄女端一盆水让新娘洗手，新娘要给这个女

图6－9 洗手

孩红包。同时，新娘家的一位女亲戚会将所带包袱里的盐包给执事，执事把这包盐倒进男家的臊子面汤锅里。因为关中话“盐、缘[iã^{24}]”同音，这个仪式寓意一对新人及两家亲戚有缘分，所以叫作“合缘法”。

拜席 [pɛ^{55} ɕi^{24}]

在婚宴上，新婚夫妇对赴宴者行拜礼，称作“拜席”。旧时是跪拜，现在是鞠躬。通常是先拜媒人，再拜“老小外家”，然后再拜其他亲友。近年来讲究老小外家给新婚夫妇披红，披红的用意是希望新婚夫妇成家后孝敬长辈，披红时要燃放鞭炮。

图6－10 拜席

图6－11 摆在新房床上的红枣、花生、桂圆等

撒帐 [sɑ⁵³ tʂɑŋ⁵⁵]

“撒帐”是婚礼中的一个仪式，又称“撒草料”。新娘下彩车后，男方往顶着盖头的新娘头上抛撒核桃、红枣、花生、桂圆、糖、谷草、麦草以及五颜六色的彩纸等，意味着春种秋收，早（红枣）生（花生）贵（桂圆）子（瓜子）。也有很多人是在新房的床上撒上或铺上红枣、花生等物。

耍房 [fɑ⁵³ fɑŋ²⁴]

即闹洞房，传统上有“三天不论大小”的说法，即新婚的三天里谁都可以跟新娘新郎闹着玩。旧时耍房，在婚棚里摆上桌子，男家以烟茶、糖果等招待闹房者。耍房的一般都是新郎的朋友。

抹彩 [mo^{53} tsʰε^{53}]

这是西安地区特色十分突出的一种婚俗。在婚礼过程中，给新郎父母脸上涂上各种颜色，戏要新郎父母，增添喜庆气氛，称为“抹彩”。即使是城里，“抹彩”也是免不了的。

图6－12 抹彩

回门 [xuei^{24} mẽ^{24}]

结婚第三天上午（若遇单日推后一天），新郎新娘带着礼品在新郎一位本族叔父或兄长陪同下回娘家，叫作“回门”，又称“待女婿[tε^{55} ȵy^{53} ɕi^{0}]”。岳父母会摆席招待女婿，并邀请亲戚朋友来赴宴，以便认识新女婿。新婚夫妇回家时，女家要回赠核桃、枣、花生、糖。新婚第一年，新婚夫妇去丈人家拜年，回家时女家也要回赠核桃、枣等，都是希望新婚夫妇早生贵子。

要新女婿 [fɑ^{53} ɕiẽ^{21} ȵy^{53} ɕi^{0}]

新娘回门当天，岳父母设宴席招待，女婿要给岳父母及门族的长辈行叩头礼。新娘的嫂子和姐妹会戏要新女婿，让新女婿吃包了辣椒的饺子之类，或者把新女婿的鞋抢到，让新女婿给行了礼才还。

住十 [pfu^{55} ʂʅ^{24}]

婚礼结束后的第二天（即结婚第三天），新郎要跟随新娘回娘家，第三天再回到婆家，住上一周左右的时间，然后新娘再单独回娘家待上十天或半月，时间到后由新郎接回婆家，称为住十。这个风俗体现了女儿不忘根本以及从娘家到婆家生活的一个过渡。

谢媒 [ɕie^{55} mei^{24}]

关中人把酬谢媒人叫作"谢媒"，指婚礼后带着酒、点心、茶叶等礼品去感谢媒人。

二　生育

求娃 [tɕʰiou^{24} uɑ^{55}]

西安一带将祈子称为“求娃”。长期以来，形成了许多“求娃”习俗。如在嫁妆的被子上、洞房门帘上绣上鲤鱼跳龙门的图案，取意鲤鱼繁殖能力强，新婚夫妇能多生子女。

如果久婚不育，婆婆和媳妇就要到石婆庙求子或向送子观音求子，有时甚至向所有的神灵祈求。

扯窗纸 [tʂʰɤ^{53} pfʰɑŋ^{21} tsɿ^{53}]

西安有些地方在娶亲时有“扯窗纸”的习俗，这也是一种“求娃”的行为。新婚当天，男方用白纸将窗户糊严，新娘入洞房后，新郎将窗户纸撕破，象征新娘有着极强的生育能力。

宁灯 [ȵiŋ^{24} təŋ^{21}]

又称为“追灯[pfei^{24} təŋ^{21}]”。西安旧俗元宵节前，娘家要送给新嫁女儿一对大宫灯，此外还特意送一只小孩打的小灯笼（称为“引灯”）。在进入男家前，一定要把大宫灯和小灯笼点着。送灯仪式非常隆重，家境好的在这天要摆酒席招待亲朋。宁灯寄托了娘家人希望女儿能早生贵子、多子多福的心愿。

忌门 [tɕi^{55} mẽ^{24}]

产妇坐月子时，要给产房门帘上系一条红布条，有些地方给产房门楣挂织布用的综或縢子，以告诫闲杂人不得随便入内。不但外人不能进入产房，亲戚来了也要在外边待一会儿才能进去。忌门的目的是为了避免把路上的鬼带入母婴房间，以保证母婴健康。

催月子 [tsʰuei^{24} ye^{21} tsɿ^{0}]

孕妇接近临产，娘家妈会隔三岔五地去看望女儿，这个习俗称为“催月子”，是催生的意思。

看月婆 [kʰã^{55} ye^{21} pʰo^{0}]

孩子降生第二天，孩子的父亲带上礼品向产妇的娘家报喜。娘家人会带上补养食品前来看望女儿，亲戚知道后，也同样带礼品看望，俗称“看月婆”。

做满月 [tsou^{55} mã^{53} ye^{0}]

西安民间给孩子做满月，男孩是 30 天，女孩是 29 天。亲友拿着贵重礼品前来祝贺，还要往孩子所戴的项圈上拴钱，祝愿孩子茁壮成长。方言中把乡党前来祝贺叫“吃喜[tʂʰʅ^{21} ɕi^{53}]”。

满月时要给孩子剃头，剃时后脑勺要留一小撮头发，叫作“吓鬼毛儿[xɑ^{55} kuei^{53} mɐr^{24}]”。“吓鬼毛儿”一般留到三周岁。剃掉的头发不能扔掉，用红布包成小球状缝在枕头上。据说这样可以镇惊，小孩睡觉踏实。留“吓鬼毛儿”的目的是避邪。

碰干大 [pʰəŋ^{55} kã^{21} tɑ^{24}]

孩子满月时，父亲要抱着孩子到街上转，胸前放一个大白馍，第一个遇到的男人，就被孩子认作干大（干爹）。干大要送小礼品给孩子，大白馍就被回赠给干大，这个仪式称为“碰干大”。

挪窝窝 [nuo^{24} uo^{21} uo^{0}]

碰完干大回家后，讲究要将孩子抱进爷爷奶奶的房间转一圈，稍停片刻，称为“挪窝窝”，象征孩子长大不忘根本。

移尿窝儿 [i^{24} ȵiɑu^{55} uor^{0}]

农村讲究满月后要带孩子去舅舅家住若干天，去时要给孩子脸上抹点黑，意思是孩子将由“黑娃”变“白娃”。民间还讲究把“移尿窝儿”时从舅家带回的馍喂狗吃，认为这样孩子就不会“变狗[piã^{55} kou^{53}]”（生病）。

过百岁 [kuo⁵⁵ pei²¹ suei⁵⁵]

婴儿出生满一百天称为“百岁”。过百岁时一般只是娘舅家来祝贺。舅舅要给外甥带“曲连馍[tɕʰy²¹ liã⁰ mo⁵⁵]”(一种圆环形的大花馍，直径要能套进孩子的头)，将曲连馍套到孩子的脖子上，然后再取出来。曲连馍状如旧时的“长命锁”，因此其寓意也是保佑孩子长命百岁。

抓周 [pfɑ²⁴ tʂou²¹]

孩子出生满一年称为周岁，孩子周岁时亲戚都要来祝贺，有讲究的家庭要举行“抓周”仪式。若是男孩，就摆上笔砚、书籍、算盘、小秤、鞭子等，让孩子上前抓取，从所取物件看这个孩子将来是读书的、经商的还是种地的；要是女孩儿，就摆上剪刀、尺子、针线和化妆品等。关中有“娃娃生日一个蛋，大人生日一碗面”的说法，抓周后讲究要给孩子吃鸡蛋。关中方言“鸡、吉”同音，吃鸡蛋取吉祥如意的含意。

三　丧葬

攒枋 [tsã^{53} faŋ^{21}]

西安地区把棺材称为“枋[faŋ^{21}]”“材[ts^{h}ε^{24}]”，在老年人未过世时制作棺材称为“攒枋”。攒枋一般在老人年迈的时候就要开始，通常选在农历有闰月的年份，当地风俗认为这个时间制作棺材是最吉利的。

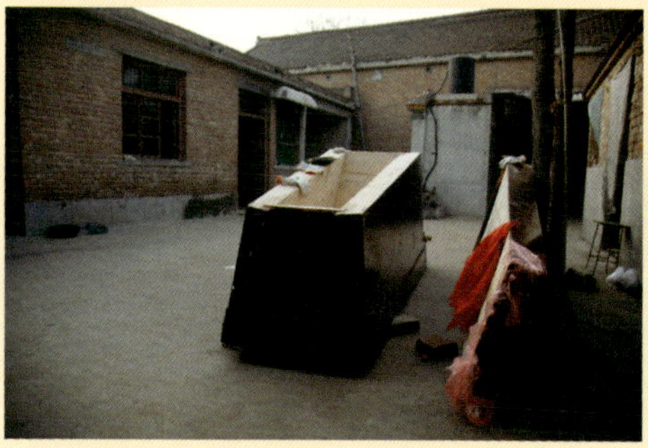

图6－13 攒枋（1）

图6－14 攒枋（2）（孙立新　摄）

叫魂 [tɕiau^{55} xuẽ^{24}]

丧礼中的一个程序或仪式。一般是在老人刚咽气时，守在身旁的子女要大声呼喊，内容大多为“大/妈，你不要走，你回来，别丢下我不管了”之类，反复呼喊多次。

烧倒头纸 [ʂau^{21} tau^{53} t^{h}ou^{24} tsɿ^{53}]

人死后小殓的时候，子女要烧“倒头纸”，这是给死者去阴间的路费。烧完后，将烧过的纸灰包起来，入殓时放在死者的手上，用作阴间的买路钱，以保证死者在阴间不受小鬼欺负。

停尸 [tʰiŋ^{24} sʅ^{21}]

尸体收拾干净后，丧家请家族中的亲戚设置灵堂，并用蚊帐罩住尸体，称为“停尸”。

报丧 [pau^{55} saŋ^{21}]

死者咽气后，待穿寿衣、压舌钱、烧倒头纸、点长明灯等诸事准备就绪，就要开始报丧。报丧可以说是人死后的第一种仪式。按照旧俗报丧的顺序是先近亲后远亲：父亲亡故，要先给本家族长报丧；母亲亡故，要先给舅家报丧；妻子亡故，先给娘家报丧。报丧时要双膝跪地，行叩头礼，然后报告死者的死因，死亡时间，入殓、开吊和出殡的日期等。

图6－15 挖墓

挖墓 [ua^{21} mu^{55}]

旧俗讲究死者入土为安，选择墓地很重要。墓地选定后，开挖前，孝子要焚香点蜡，奠酒祭土，求土地神保佑，然后孝子先挖三锄，再交给专业打墓人继续。挖墓期间，挖墓人一天要吃四次饭，饭食送到墓地后要吃完，吃不完要倒掉，不能带回家。新时代提倡实行火葬，或将骨灰盒安放进墓穴，挖墓的规模、形式与传统方式相比有所改变；或将骨灰盒安葬在墓园，由墓园统一挖设墓穴。

倒头饭 [tau^{53} tʰou^{24} fã^{55}]

即在遗体旁祭供饭，名叫“倒头饭”。有的将一碗米饭或面条、一双筷子放在死者旁边；有的用一碗米饭或面条，内插一双用白色的碎纸糊的筷子，献在灵前；有的煮一碗半生不熟的米饭，插上一双筷子，放在死者头前。俗说供奉倒头饭，能使死者在冥间不会变成饿死鬼。

祭灵 [tɕi^{55} liŋ^{24}]

又称“奠灵[tiã^{55} liŋ^{24}]”，当地讲究在停尸、报丧完毕后，要搭起灵堂迎接亡者亲朋好友前来祭奠。现在一般要邀请乐队在门口或灵棚吹奏哀乐，凡吊唁者到达，乐队吹哀乐迎接，孝子跪在两边还礼。除献饭等仪式开始时要暂停外，祭灵往往要持续到深夜。

图6－16 祭灵（1）

图6－17 祭灵（2）（孙建国　摄）

图6－18 祭灵（3）（孙建国　摄）

图6－19 灵棚

图6－20 开吊（孙建国　摄）

开吊 $[k^{h}\varepsilon^{21}\ tiau^{55}]$

为祭奠亡者，丧家一般要在安葬前一天设灵堂待客祭奠。所谓“开吊”就是公开祭奠的意思。开吊是丧事的重要组成部分。城市中一般在家中设灵堂，农村则搭灵棚祭奠。

献饭 [ɕiã^{55} fã^{55}]/迎饭 [iŋ^{24} fã^{55}]

“献饭”是下葬前夜最为隆重的仪式，大约需要两三个小时。“献饭”就是由孝子们按照传统仪式将各种菜肴果点等吃食呈送到亡故亲人的灵桌上为其“饯行”。

“献饭”的次序是先远亲后近亲。“献饭”的规矩各地稍有差异，大致是双膝跪地，双手将菜肴举过头顶，或指缝中再插一根高香，根据呈献的品种和多少分几个轮回，边献边哭，哭得越厉害越表示伤心，以此表达对逝者的敬重和哀思。亡者的子女们需在大门前跪迎前来献饭的亲友，称为“迎饭[iŋ^{24} fã^{55}]”。

在整个“献饭”和“迎饭”的过程中，乐队的各种乐器，诸如唢呐、洋鼓和洋号等一齐奏响，将仪式推向高潮。

“献”的主要内容以各种礼馍、面点、菜肴为主，还有水果点心等，并做出各种造型。现在城乡都有专门的丧葬用品店经营献饭。

图6－21 灵前敬献的祭品

图6－22 迎饭

图6－23 将献饭摆上祭桌

图6－24 献饭

迎纸扎 [iŋ^{24} tsʅ^{53} tsɑ^{21}]

下葬前一天，会有乡党或亲戚将各式纸扎送到灵棚。孝子要前往路口迎接跪拜，然后送纸扎者在前，众孝子尾随，在乐队的伴奏下呈奉到供案，礼拜奠酒，孝子叩头还礼，最后鸣放鞭炮。

图6－25 迎纸扎

奠酒 [tiã^{55} tɕiou^{53}]

下葬前夜的一种重要仪式。亲朋好友依次以祭酒的方式和亡者告别。顺序大概按辈分和血缘远近排列：兄弟姐妹和朋友—外甥外甥女—侄子侄女—女儿—儿媳妇—女婿—儿子。奠酒时讲究三拜九叩，然后从执事手中接过酒撒在地上，表示对亡者的怀念。奠酒时孝子要在灵堂两边跪拜还礼。

图6－26 奠酒

起灵 [$tɕ^hi^{53}$ $liŋ^{24}$]

安葬那天，要从灵棚内撤除亡者灵位，把停着的灵柩运往墓地入土为安。起灵时间一般根据死者生辰八字及死亡时间来测定，西安一带多在早晨或中午。起灵时孝子们要披麻戴孝，依次出发。

图6－27 起灵（1）

图6－28 起灵（2）

图6－29 拿着哭丧棒的孝子们

扛棺 [k^{h}ɑŋ^{24} kuã^{21}]

西安地区习俗，起灵后死者儿孙要用手摸一下棺材，表示死者灵魂随儿孙前往墓地，以减轻棺材重量。众孝子出门在门外两侧等候，乡邻将灵柩平稳地移出门外放到八抬棺轿上，然后架上棺罩出发。

图6－30 扛棺（孙建国　摄）

图6－31 棺罩（孙立新　摄）

图6－32 顶盆子

顶盆子 [tiŋ^{53} p^{h}ẽ^{24} tsɿ^{0}]/**摔纸灰盆** [fɛ^{21} tsɿ^{53} xuei^{21} p^{h}ẽ^{24}]

“顶盆子”就是顶“孝盆[ɕiau^{55} p^{h}ẽ^{24}]”。孝盆用尺五左右外糊黄纸的瓦盆做成。老人去世后，此盆放于灵桌前，用于烧纸和盛放纸灰。起灵前，死者娘舅家辈分较高的男子把孝盆端到“顶盆子”者的头顶上。出殡的队伍走到十字路口或三岔路口时，孝子高高将孝盆举起用力摔碎，讲究摔得越碎越好，称为“摔纸灰盆”。顶盆子人的身份也有讲究，一般来说得是长子长孙，或者是至亲的外甥，其他孝子不能代替。

扯纤 [tʂ^{h}ɤ^{21} tɕ^{h}iã^{55}]

西安地区旧时送葬，拉运棺木用车称“舆[y^{24}]”，普通人家用人力抬送，但仍保留了“舆”的名称，叫“丧舆[saŋ^{21} y^{24}]”。用车拉的时候，孝子扶灵车，族人晚辈（主要是男性侄、孙等）均在车前用绳子拉，似纤夫拉船，故称其绳为“纤”。抬棺时仍保留这种形式。出殡时，在丧舆上系数丈长的白布两条，上挽布圈若干，孝子扶丧舆，侄、孙等右肩套布圈，随抬丧舆者前行，称之为“扯纤”。“扯”就是“拉”的意思。

安灵 [ŋã^{21} liŋ^{24}]

送葬队伍到达墓地或墓园前，先由孝子或村中年长的乡党将墓穴内尘土清扫干净，再撒上五色粮食。棺材到达后，再由孝子检查墓的深度和高度，然后将棺材或骨灰盒放入墓穴中，并摆放周正。最后由长子将棺盖擦净，盖上盖板，最后填土。同时焚烧纸扎纸钱，点香献祭，全体孝子面向坟墓叩头。

图6－33 安灵（1）

图6－34 安灵（2）

图6－35 灵前烧祭品

图6－36 下棺

图6－37 纸扎陪葬（孙立新　摄）

送埋饭 [suŋ55 mɛ24 fã55]

在一个小罐中放上米、面、筷子等，在埋葬亡者的当天放入墓穴，表示亡者在阴间也能继续享用人间食物。第二天凌晨，孝子们还要去墓地祭献，叫作“送埋饭”。其后，男女孝子将孝杖插入坟头两侧，男孝子还将所戴麻冠（系头）也放到坟头上，表明这两种丧具已经完成使命。

寄埋 [tɕi55 mɛ24]

即临时埋葬暂不入坟，古代叫“浮厝”。寄埋有几种情况，一种是死者的父辈或祖辈健在，坟中无法定穴，只得寄埋；另一种是夫妻死亡一人，另一人健在，不能入坟定穴；再一种是由于“坟不空”“日主不好”等原因，当年不能入坟。寄埋多在靠坡靠崖的山洞或废弃的土窑之内，时间长短不等。

过七 [kuo55 tɕhi21]/**做七** [tsou55 tɕhi21]

亡者去世后，每七天为一个祭奠日，到七七四十九天为止，这就是“过七”，又叫“做七”。其中逢单七比较隆重，亲友都要到丧家祭祀，孝子要哭灵。最后一个七称为“尽七”，丧家要诵经礼忏，亲友们送来祭奠的物品。

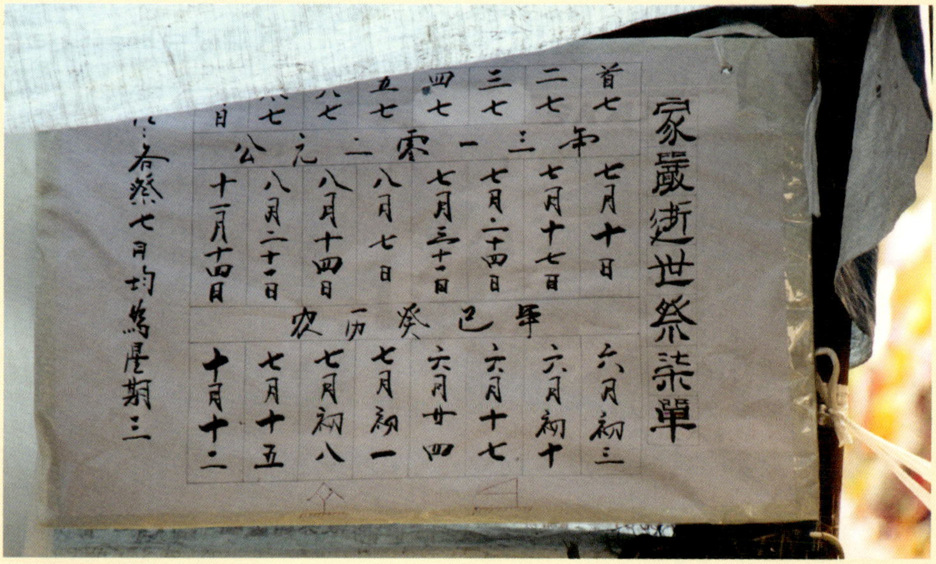

图6－38 过七单

图6－39 送灵

送灵 [suŋ^{55} liŋ^{24}]

西安一带在亡者纪念日还有一个称作“送灵”的祭奠活动，所谓“送灵”，就是把埋葬期间买的祭奠物品拿到坟地烧化。多数家庭在“百日”送灵，少数家庭在“三七”或“五七”送灵。

烧孝 [ʂɑu^{21} ɕiɑu^{55}]

亡者去世后，孝男孝女都要戴孝。亡者下葬后每逢过七，孝子都要戴孝祭奠。到七七祭毕，孝子要烧掉孝布、孝鞋、丧杖等物，并撤掉灵堂，意味着祭祀日期已经结束。“七七”后，孝子才可剃头、修面，到亲友家做客。

烧百日纸 [ʂɑu^{21} pei^{24} ər^{21} tsɿ^{53}]

亡者去世百天叫百期，又称“过百日”，这一天的祭奠活动叫“烧百日纸”，孝子们需上坟烧纸祭奠。祭奠时孝子头顶木盘，盘中放一个大白馍，上面插一面白纸旗，称为神牌子。祭奠完毕后仍头顶着神牌子返回，表示将亡灵请回家了。

图6－40 过周年（秦岭　摄）

过周年 [kuo^{55} tʂou^{21} ȵiã^{0}]

亡者去世一周年称为头周年，这是亡者第一个忌日，因此祭奠仪式比“过七”和“烧百日纸”更为隆重。孝子要供神主，穿白戴孝，先在家中祭奠，后到坟上烧纸祭奠。

接灵 [tɕie^{21} liŋ^{24}]

西安民间每逢亡者周年，要在前一天晚上“接灵”。接灵时通常由亡者的孙子或曾孙打着当地专用的四方柱体玻璃灯（现多以灯笼代替）作前导，一位长辈端着放置香蜡的盘子，男孝子按照辈分大小和长幼排队到达坟地后，在亡者坟墓左右各转三圈后点燃香蜡，随后用各自合适的称谓轻声呼唤亡者，如儿子喊已故父亲：“大（西安话“爸”）哎，回走！”过三周年时接灵回到家中，还要进行祭奠，如埋葬日前一天晚上一样隆重。

图6－41 接灵上灯（秦岭　摄）

柒·岁时节令

图7-1腊月二十三祭灶神

西安地区的节日民俗文化源远流长，老百姓对“四时八节”格外重视，节日情结非常浓厚。春节、端午、中秋等传统节日具有典型的北方文化特征，尤其是农村，还保留着比较完整的节日习俗。

关中是农业发达地区，立春、清明、冬至等二十四节气对农业生产有很重要的参考价值，当地人称“节气不饶人”。西安地区（尤其是广大农村）非常重视节气，很多节气都有特殊的风俗活动和禁忌。

一　春节

图7－2 腊八粥

吃腊八粥 [tʂ^{h}ʅ^{21} lɑ^{21} pɑ^{24} tsou^{21}]

西安人在腊月初八当天要吃腊八粥。人们认为吃了腊八粥以后就要开始大规模筹办年货了，当地人用“吃了腊八糊涂了”形容筹办年货时不吝花钱的情形。腊八粥在关中地区主要以黄豆、玉米、小米等杂粮为主料，里面再加入胡萝卜等各种蔬菜熬制而成。吃腊八粥前要请祖先及家神享用。除了自己吃，邻里之间常常赠送腊八粥，互道祝福。腊月初八西安地区各寺庙大多还会“放粥[fɑŋ^{55} tsou^{21}]”，人们争相前往排队领粥，以图佛祖保佑。

图7－3 腊八寺庙放粥

祭灶 [tɕi^{55} tsau^{55}]

腊月二十三或二十四是小年，这一天最重要的任务是祭灶，又称"送灶神[suŋ^{55} tsau^{55} ʂẽ^{0}]"。祭灶是为了请"一家之主"灶爷上天向玉帝"汇报工作"时多说好话，为全家祈福。祭了灶就正式进入"年"的范围了。

图7－4 祭灶（1）

图7－5 祭灶（2）

图7－6 祭灶（3）

图7－7 祭灶（4）

祭灶一般在下午或晚上进行，祭时先要把灶房打扫干净，然后给灶台旁边或上边的灶神龛换上“请”来的新灶神像，接下来摆上灶饼和灶糖等祭品，燃香烧纸，烧完后把纸抛向半空，以求灶爷收到，最后叩头祭拜。祭罢，全家人分吃灶饼，还要给不在家的人留一些，让其享受灶爷恩典，得到灶爷的保佑。正月初四以后要燃放爆竹接灶爷下凡。

灶饼 [tsau^{55} piŋ^{53}]/**灶糖** [tsau^{55} t^{h}aŋ^{24}]

图7－8 灶饼

“灶饼”和“灶糖”是祭灶时最重要的祭品。灶饼主要供灶爷在回天宫的路上吃，一般用西安常见的“饦饦馍[t^{h}uo^{55} t^{h}uo^{0} mo^{55}]”，也有用一种叫“油旋子[iou^{24} ɕyã^{0} tsɿ^{0}]”的。灶糖是一种又硬又粘牙的麦糖，据说是为了粘住灶爷的嘴，让他到玉帝处无法打小报告。

图7－9 灶糖

扫舍 [sɑu^{53} ʂɤ^{55}]

“扫舍”指春节前的一系列卫生工作，是筹备过年的重要活动，又称“扫阳尘[sɑu^{53} iɑŋ^{24} tʂʰẽ^{0}]”“打摭屋[tɑ^{53} tʂɤ^{0} u^{21}]”。活动大概从腊月二十三左右开始，包括糊贴窗纸、墙纸，打扫、收拾房间，拆洗被褥，洗头洗澡等。家中里里外外都要打扫干净，迎接新年。

蒸年馍 [tʂəŋ^{21} ȵiã^{24} mo^{55}]

西安地区从腊月二十三四开始就要“蒸年馍”了。年馍包括三类：一是给自家人过年时吃的普通馒头、花卷、包子等；二是在辞年或拜年时走访亲友作为礼物的“花馍[xuɑ^{21} mo^{55}]”（又叫“花花馍”“馄饨馍”“娃娃馍”等，见“饮食起居”）；三是祭拜神灵和祖先时用的献馍，即“献爷馍[ɕiã^{55} ie^{55} mo^{55}]（又叫“枣马虎[tsɑu^{53} mɑ^{53} xu^{0}]”“枣旋[tsɑu^{53} suã^{53}]”）。其中“献爷馍”的制作工序最复杂，因祭拜对象不同又分很多种造型，有很多寓意。

图7－10 造型简单的花馍（1）

图7－11 造型简单的花馍（2）

图7－12 献爷馍

图7－13 制作精美用于典礼的花馍（1）

图7－14 制作精美用于典礼的花馍（2）

图7－15 制作精美用于典礼的花馍（3）

吊钟沟花馍 [tiau^{55} pfəŋ^{24} kou^{21} xua^{21} mo^{55}]

长安区鸣犊街办的吊钟沟村是西安地区最负盛名的花馍生产基地。相传清末慈禧太后逃至西安避难时曾品尝过吊钟沟村的花馍，并给予极高评价，后将其定为宫廷贡品。其花馍生产品种全、规模大、品质高，形成了产业化经营。制作方式已从传统的家庭作坊上升为花馍专业合作社，一到年关，吊钟沟村的花馍都供不应求。

图7－16 吊钟沟村花馍广告

图7－17 在作坊里集体做花馍

图7－18 等候上炉蒸的花馍

图7－19 集市上现场写春联

图7－20 卖各类神龛神像的摊点

买年货 [mɛ^{53} ȵiã^{24} xuo^{55}]

腊八后各村镇卖年货的集就慢慢热闹起来，人们纷纷赶赴集镇置办各种年货，直到腊月三十中午。卖年货的集大都是沿街搭建的简易棚子，集散后就拆掉了。年货中各种神像、神龛必不可少，其他的还有对联、鞭炮、灯笼、衣服、糖果及各种菜、肉、生食、熟食等。西安一带的人非常喜爱书法，许多卖对联的人在集上现写现卖。

图7－21 贴春联

过年三十 [kuo55 n̠iã24 sã21 ʂʅ24]

年三十全家团聚，活动很多，包括赶集，敬先儿，贴窗花、春联、门神，挂红灯，吃年夜饭，守岁等。年三十的集往往特别热闹，一般要到下午两三点才散，故这一天很多人都要去一下集，做最后一次年货采购。“敬先儿[tɕiŋ55 ɕiɐr21]”即敬祖，可以在年夜饭前，也可以在年夜饭后。祖坟近的一般要去坟前敬，祖坟远的在家中敬牌位遗像，有的也会在路边烧纸给孤魂野鬼。上坟回来烧香点烛、摆放祭品敬先人神龛和家宅六神，然后放鞭炮。贴窗花、春联时，家中有新丧未满三年的只能贴蓝色或黄色的春联。贴门

图7－22 过年三十

神也包括给井神龛、土地台儿等各种神龛换上新的神像。城区的年三十比农村的简单，各项活动都被简化甚至取消了，看春节晚会成了必备内容。

年夜饭 [ȵiã^{24} ie^{55} fã^{55}]

关中的年夜饭在时间、菜品、程式方面的讲究不太多，就是全家人聚在一起吃顿饭而已。一般有冷盘、热炒和蒸碗，最后一道是甜食。因很多人除夕当天还正在从外面往家中赶，故年夜饭一般尽量放到下午或晚上，以求得全家团聚。城市里的年夜饭已经越来越多地在饭店吃了。

守岁 [ʂou^{53} suei^{55}]

西安民间有大年三十晚上守岁的风俗。守岁大致从晚上开始，屋前屋后灯火通明，全家人吃罢年夜饭后都围坐在一起。村子里、小区里人声鼎沸，看晚会，包饺子，打麻将，聊天讲故事，小孩儿们放鞭炮、捉迷藏，所有的人都在尽情欢乐，直到除夕子时新年来临，有的甚至玩到天明。

接年 [tɕie^{21} ȵiã^{24}]

在除夕子时燃放鞭炮礼花、敲锣打鼓迎接新年的习俗叫作“接年”。接年时热闹非凡，城市里以放鞭炮礼花为主，农村里还有敲锣打鼓的，通常持续一两个小时，声音轰鸣如雷，亮如白昼。

烤红火 [kʰɑu^{53} xuŋ^{24} xuo^{0}]

西安民间有除夕夜聚在一起守岁烤火的习俗，而且火烧得越旺越好，一则是为了取暖，二则寓意消灾避难、来年红红火火，故称“烤红火”“烤年火[kʰɑu^{53} ȵiã^{24} xuo^{0}]”。最初烤火是以柏树枝为燃料，现在通常以木炭或无烟煤为燃料。城里现在大多已不再烤红火。

图7－23 烤红火的老人

敬神放炮吃饺子 [tɕiŋ^{55} ʂẽ^{24} faŋ^{55} pʰau^{55} tʂʰʅ^{21} tɕiau^{53} tsɿ^{0}]

大年初一早晨起床必做的三件事：首先要敬拜祖宗及各家神，祈保平安；然后放炮迎接新年；最后才能吃早饭。初一要起得早，燃鞭要越早越响越好，且讲究连响不断。祭祀时需要供上腊月蒸的“献爷馍”。初一的早饭多为饺子，也有吃臊子面的。

拜年 [pɛ^{55} n̠iã^{24}]

家里的拜年活动一般在初一早晨，首先要给神灵祖先叩头行礼拜年，然后晚辈按辈分大小依次向长辈恭祝新年，长辈们要给晚辈发压岁钱或糖果。

西安及其周边讲究初一“水火不出门”，即不借给别人东西、不扫地、不扫锅灶、水不外泼、不出门走亲戚。初二人们才开始互访亲友，外出拜年。一般要先给丈人家、舅家、干大（义父）家拜年，然后再到姑家、姨家拜年，接着再按关系亲疏一一拜年。家中有丧事未满三年的不给亲朋拜年。

关中地区拜年的礼品很有讲究，一般多拿点心、烟酒、水果、包子（拿包子讲究拿12个，寓意12个月圆圆满满）等，给长辈拜年时还要送“献爷馍[ɕiã^{55} ie^{55} mo^{55}]”（“花馍”的一种）。新婚夫妻去岳父家拜年讲究拿24个包子，是普通礼品的两倍，称之为“双重礼”。不过现在对礼品的讲究慢慢在简化，大都用软香酥（西安地区较畅销的一种点心）、牛奶之类的礼品了。

图7－24 拜年

回门 [xuei^{24} mẽ^{24}]

女儿女婿回娘家拜年叫“回门”。回门一般是在初二。回门时新婚夫妻要拿 24 个包子，即“双重礼”，头年之后礼品就随意了。招待女婿一般要吃馄饨或臊子面。娘家的回礼也很讲究，没有生小孩的要送 8 至 16 个“蛋蛋馍[tã^{55} tã^{0} mo^{55}]”（鸡蛋模样的馒头），有了小孩的要送“枣花[tsɑu^{53} xuɑ^{21}]”（一种用红枣点缀的花馍）。

破五 [pʰo^{55} u^{53}]

当地民间把初五叫作“破五”，又叫“送穷日[suŋ^{55} tɕʰyŋ^{24} ər^{0}]”“驱穷日[tɕʰy^{21} tɕʰyŋ^{24} ər^{0}]”。认为在这一天要通过一定的形式赶走贫困，趋富避穷。破五的主要活动有燃放鞭炮“赶穷气[kã^{53} tɕʰyŋ^{24} tɕʰi^{55}]”、吃搅团“补穷窟窿[pu^{53} tɕʰyŋ^{24} kʰu^{21} luŋ^{0}]”、吃饺子“得金元宝[tei^{24} tɕiẽ^{21} yã^{24} pɑu^{53}]”、打扫院落将垃圾倒至门外驱赶穷气“扫穷[sɑu^{53} tɕʰyŋ^{24}]”等。

躲五 [tuo^{53} u^{53}]

初五西安一带农村讲究新媳妇要“躲五”，以避开忤逆之举（“五、忤”同音），做一个孝顺媳妇。日出前新媳妇被近邻接走，称为“请新媳妇[tɕʰiŋ^{53} ɕiẽ^{21} ɕi^{24} fu^{0}]”，日落后再回到家。

初五敬财神 [tsʰou^{21} u^{53} tɕiŋ^{55} tsʰɛ^{24} ʂẽ^{21}]

民间传说初五是财神爷的生日，故在初五这天要敬财神求富贵。西安地区敬的财神是以赵公明为首的五路财神。初五早晨人们都要打开门窗燃放鞭炮迎接财神，大小店铺也要在初五开市求得招财进宝。这一天最热闹的要数财神庙，虔诚的人们都会赶到这里，摆上丰盛的祭品，上供敬香，叩头许愿。

西安人敬财神现在大多到西南郊劳动南路大唐西市的财神庙，也有远赴周至县楼观台的赵公明财神庙的。

图7－25 大唐西市财神庙初五敬财神

图7－26 财神庙大殿香烟缭绕

图7－27 五路财神牌位和祭品

人七 [zẽ^{24} tɕʰi^{21}]

关中人认为正月初七不宜出门，全家人都要在家，称为“人七”，又称“人齐[zẽ^{24} tɕʰi^{24}]”。传说初七人的灵魂要去阎王爷那里点名报到，故全天不能出门。也有说人的魂魄除夕出门，初七回归的。关中有的地方正月初七还要烧香“唤魂”，祈求健康长寿。

十二忌鼠 [ʂʅ^{24} ər^{55} tɕi^{55} fu^{53}]

民间传说正月十二老鼠嫁女，当天要吃饺子，认为这样可以捏住老鼠嘴，杜绝老鼠生育后代，称为“十二忌鼠”。有的地方蒸一种没有眼睛、形似老鼠的馍，认为老鼠没有眼睛就不会为害。还有的地方当天把好吃的扔到郊外，认为老鼠吃了以后就不会糟蹋粮食了。

游百病 [iou^{24} pei^{21} piŋ^{55}]

民间有“正月十六游百病”的习俗，即当日要出行远游，驱散百病。十六这天，乡间男女老少成群结队出行远游，远游队伍浩浩荡荡，场面蔚为壮观。当天早饭后还讲究烧香叩头，把除夕时敬拜的诸神送走，“年”到此方算彻底过完。

补天日 [pu^{53} tʰiã^{21} ər^{21}]

西安及其周边地区把正月二十称为“补天日”，又称“天穿日[tʰiã^{21} pfʰã^{24} ər^{21}]”“天穿节[tʰiã^{21} pfʰã^{0} tɕie^{21}]”。这一天讲究吃煎饼、锅盔或蒸面皮，有的还往屋顶扔几张补天，往井里或地上扔几张补地。相传这个习俗是为了纪念女娲炼石补天的功德。

过小年 [kuo^{55} ɕiɑu^{53} ȵiã^{24}]

民间有正月二十三不下地劳动的习俗，称为“过小年”。当天的午饭讲究吃臊子面。这天牲口也不下地干活，要在打扫干净的圈棚里休息，吃好草料。俗话说“正月二十三，老牛老马闲一天”“初一十五二十三，牲口卸套歇三天”。

二　元宵节

灯节 [təŋ^{24} tɕie^{21}]

“灯节”又称“正月十五[tʂəŋ^{21} ye^{21} ʂʅ^{24} u^{53}]”“元宵节[yã^{24} ɕiɑu^{24} tɕie^{21}]”，是春节之后又一个隆重的节日。元宵节早晨讲究吃元宵或水饺，中午吃臊子面，晚饭前要给先人坟上送灯盏，晚上家家户户张灯结彩，挂上灯笼。其他活动和北方地区一样，主要有赏花灯、猜灯谜等。

西安的城墙灯会十分著名，目前已被打造为特色鲜明的春节民间文化盛会。从 1985 年第一届西安城墙灯会开始，年年举办。灯会一般从农历的小年持续到正月底，在西安城墙永宁门（南门）至和平门段举办，各种主题、各种材质的灯笼竞相“绽放”。上城墙赏花灯如今已成了西安百姓过年期间的一道节日大餐。

元宵节期间最热闹的还有当地的社火，时间从初七、初八开始，到十五达到高潮。活动包括舞龙、走彩船、跑旱船、玩竹马、耍狮子、踩高跷、放焰火，热闹非凡。人们都要赶在此时作正月里的最后一次狂欢，气氛甚至超过春节。

图7－28 永宁门元宵灯会（1）

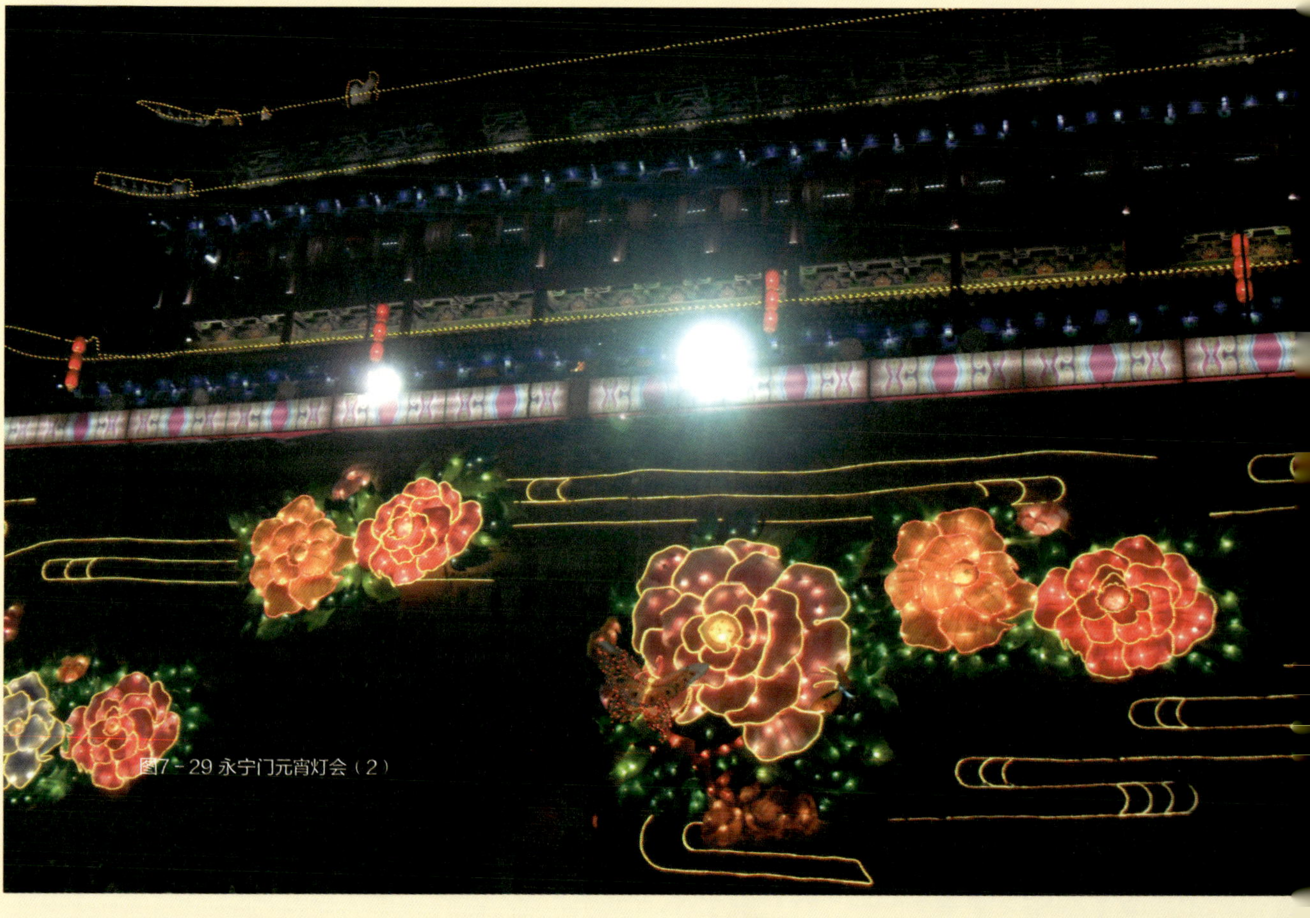

图7－29 永宁门元宵灯会（2）

图7－30 永宁门元宵灯会（3）

图7－31 永宁门元宵灯会（4）

图7－32 三兆村口的大灯笼

三兆灯笼 [sã^{21} tʂɑu^{55} təŋ^{21} luŋ^{0}]

西安至今还有传统的彩灯制作，最有名的要数雁塔区曲江街办三兆村的花灯，该村也被称为“灯笼村”。据史料记载，三兆一带的灯笼制作始于汉代。当时这里曾是皇家墓群，包括汉宣帝刘询在内的数位皇帝曾埋葬于此。最早落户的村民几乎都是守陵人，村民闲来无事，就以做灯笼来打发时间，灯笼村人的手艺就这样代代相传下来。

目前三兆村的灯笼制作规模很大，水平很高，几乎每家都有作坊，已形成产业。鼎盛时期西安市面上 90%以上的宫灯、造型灯都来自这个村。

送灯 [suŋ^{55} təŋ^{21}]

“送灯”指正月十五前舅家给外甥送灯、干大给干娃送灯、娘家给新嫁出的女儿送灯（又称“宁灯[ȵiŋ^{24} təŋ^{21}]”，见“婚育丧葬”）的习俗。“灯”“丁”音近，故送灯的目的既是为幼儿准备过灯节的玩物，也寓意着家庭人丁兴旺。西安及周边地区周至、户县、三原、泾阳、咸阳、高陵还有在送灯时送麻花、粽子、油糕、花馍的。娘家给新嫁出的女儿送灯又称“追灯[pfei^{24} təŋ^{21}]”，仪式比一般的送灯隆重，旨在祝福早生贵子。

图7－33 春节期间卖灯的小摊儿

送元宵 [suŋ^{55} yã^{24} ɕiɑu^{0}]

西安一带有正月十五送元宵的风俗。送元宵的时间从初七、初八左右开始，直到十五当天，主要是女婿给丈人送或外甥给舅舅送。作为回馈，舅舅要给外甥送灯笼、麻花等。

完灯 [uã^{24} təŋ^{21}]

民间讲究正月十五给小孩子送灯，要一直送到 12 岁。12 岁时要“完灯”，送最后一次灯，有的地方家人还要在一起吃顿饭。关中有的地方如渭南，在完灯的时候还会有赎身（给观音娘娘还愿）、送花馍、送衣物等内容。

躲灯 [tuo^{53} təŋ^{21}]

西安西郊一带，正月十五新婚媳妇要回娘家，晚上不能待在婆家，叫作“躲灯”。躲灯一般十四回娘家，十六返回婆家，和躲五的意义大致一样。

三　清明节

清明 [tɕʰiŋ^{21} miŋ^{0}]

“清明”是民间一年中最重要的祭祖、扫墓的日子，也是仲春时节人们外出郊游、踏青、放风筝的日子。这一天人们要来到祖坟前祭酒烧纸、上香叩头，有的还要在坟前烧纸钱或挂五色纸编的“钱串子[tɕʰiã^{24} pfʰã^{55} tsɿ^{0}]”，给已故亲人“送钱[suŋ^{55} tɕʰiã^{24}]”。过去在西安及周边清明还有不起灶火、只吃冷食的风俗，又称“寒食[xã^{24} ʂʅ^{24}]”，现在这种风俗已不多见。

四 端午节

五月节 [u^{53} ye^{24} tɕie^{21}]

西安人把端午节叫“五月节”或“端午[tuã^{21} u^{0}]”，这是夏季的一个重要节日。五月节的主要活动是插艾蒿菖蒲、系花绳、戴香包、喝雄黄酒、抹雄黄、吃凉粽子、吃凉糕、吃绿豆糕等。从立夏开始，各种围绕着端午的活动就开始了，人们忙着购买各种香药绣香包、缠花绳、包粽子、做绿豆糕，到五月初五，这些活动达到高峰。

送端午 [suŋ^{55} tuã^{21} u^{0}]

西安郊区在端午节有“送端午”的讲究，即端午前外婆要给外孙送粽子、送香包，端午当天女儿要给母亲送绿豆糕、油糕等。西安城区没有这种讲究，基本上是端午假期回家看望父母时随意带一些节令食品。

在关中地区，送端午非常重要，内容也略有差异：咸阳一带新婚女子端午前要给娘家送绿豆糕，娘家给女儿送粽子；高陵、渭南一带端午前娘家要给女儿送凉席、电扇等过夏物品，外婆给外孙送香包；铜川一带端午前舅舅给外甥、娘家给女儿送衣裳、香包；韩城一带娘家给女儿送粽子和花绳。

系花绳 [tɕi^{55} xuɑ^{21} ʂəŋ^{24}]

“花绳”又叫“花花儿绳[xuɑ^{21} xuɐr^{0} ʂəŋ^{24}]”，关中地区还有叫“戒戒绳[tɕie^{55} tɕie^{0} ʂəŋ^{24}]”“禁戒绳[tɕiŋ^{55} tɕie^{0} ʂəŋ^{24}]”的，就是由五种颜色的丝线合编成的细绳，端午前后人们多缠在手腕、脚腕等处。今天长安西部一带仍讲究端午节系花绳。端午系花绳的习俗由来已久，古人将花绳称为“五色丝”“百索”“长命缕”等，认为五种颜色的丝绳象征着“五毒”，系上之后可以驱瘟避邪。

插艾 [tsʰa^{21} ŋɛ^{55}]

“艾”即艾蒿，插艾蒿和菖蒲是端午风俗的一个重要组成部分，主要是为了驱毒避邪。端午临近，城郊的农民都会采下新鲜的艾蒿叶或者菖蒲叶进城叫卖。端午这一天家家都要在大门、家门上或门两侧插艾叶或菖蒲，农村的家庭还在窗棂和床头插艾叶、菖蒲。

图7－34 插艾

戴香包 [tɛ^{55} ɕiaŋ^{24} pau^{21}]

“香包”又叫“香皱皱[ɕiaŋ^{21} tsou^{55} tsou^{0}]”“荷包[xuo^{24} pau^{21}]”“香串串子[ɕiaŋ^{21} pfʰã^{55} pfʰã^{0} tsɿ^{0}]”，西安地区端午节讲究戴香包。每逢端午临近，大街小巷可见很多卖香包的妇女。香包一般都是手工制作，里面填充丁香、雄黄、艾叶末、冰片、藿香、苍术等具有芳香除湿功效的中药材粉末，外面绣上各种图案，做出各种造型，以粽子形居多，还有灯笼形、心形、菱形以及各种小动物的形状等。今天的香包已经逐渐演变为一种小手工艺品了。

图7－35 挂满香包的货架

图7－36 香包

五　其他节令

豆豆节 [tou^{55} tou^{0} tɕie^{21}]

农历二月初二是一个集防疫、崇龙、祈雨、纪念为一体的民间节日，在当地有“豆豆节”“青龙节[tɕʰiŋ^{21} luŋ^{24} tɕie^{21}]”“龙头节[luŋ^{24} tʰou^{24} tɕie^{21}]”的叫法。

图7－37 炒豆豆

这一天各家各户都要炒各种豆子吃，包括黄豆、大豆、苞谷、豌豆等，还有一种称作“蹄趾蛋[tʰi^{24} tsɿ^{0} tã^{55}]”的小面块儿。吃炒豆子的来历很多：有的认为吃了这些就可以杀死体内害虫而不生病；有的认为这是为了迎接龙王；也有的传说炒豆子曾是药王开的方子，治过龙王爷的病，使它为民布雨造福。除了自己吃，长辈常常要给晚辈送炒熟的豆子。

传说二月二龙抬头，西安及其周边多举行大型庙会祈龙，在龙王庙或自家井神龛上祭龙，谚称“二月二，龙抬头。大仓满，小仓流”。

二月二还是纪念药王孙思邈的日子，关中很多地方都有庙会，最著名的要数耀州药王山庙会。活动从正月三十下午开始，直到二月初三。

糊春牛 [xu^{24} pfʰẽ^{21} n̠iou^{24}]

一种报春活动。在“打春[tɑ^{53} pfʰẽ^{21}]”（立春）前进行，主要是提醒人们春天来了，要做好春耕准备。春牛一般由村上或镇上掏钱，用竹篾扎出牛的造型，并糊上彩纸，在立春时设案祭拜，祈求风调雨顺。

立春时个人的活动有“戴春鸡[tɛ^{55} pfʰẽ^{24} tɕi^{21}]”和“戴春燕[tɛ^{55} pfʰẽ^{21} iã^{55}]”。春鸡和春燕是老百姓自己做的，用碎布或绸缎缝剪出鸡或燕子的形状，立春这天给小孩儿戴在帽子上或别在胸前，以图大吉大利。

吊春穗 [tiɑu^{55} pfʰẽ^{21} suei^{55}]

在立春当天的早晨，把各种颜色的布条稍加编扎，吊到小孩儿或猪、牛等家畜身上，以求风调雨顺、五谷丰登。有的还将写有“立春大吉”“春回大地”等内容的红纸贴在门口或家中祈求四季平安。又称“贴春帖[tʰie^{21} pfʰẽ^{24} tʰie^{21}]”。

贴蝎子符 [tʰie^{21} ɕie^{21} tsɿ^{0} fu^{24}]

又称“贴谷雨帖[tʰie^{21} ku^{21} y^{0} tʰie^{21}]”。谷雨当日早晨，在黄表纸上画上蝎子、蛇、蜈蚣等毒虫和一把宝剑（有的还要写上咒语），然后再用白矾蘸露水擦刀，并将锈水滴在黄表纸上使纸变红，最后将其贴在炕头。谷雨时分各类毒虫已经开始频繁活动，贴蝎子符是为了驱除毒虫，避免被叮咬。

看麦梢黄 [kʰã^{55} mei^{24} sɑu^{21} xuɑŋ^{24}]/**看忙罢** [kʰã^{55} mɑŋ^{24} pɑ^{55}]

西安及其周边地区以小麦为主要粮食作物，麦收是农业生产非常重要的一部分。女儿女婿在麦收前携带时令礼品看望慰问娘家父母、祝福好收成，叫“看麦梢黄”，又叫“看忙[kʰã^{55} mɑŋ^{24}]”。母亲则在麦收后探望女儿，对其操劳状况表示关心，叫“看忙罢”。有谚语说：“麦梢黄，女看娘；卸了桲架，娘看冤家。”

曝晒节 [pʰu^{55} sɛ^{55} tɕie^{21}]

农历六月初六为盛夏时节，差不多是全年最热的时候，关中地区许多家庭当天都要翻箱倒柜，把家中的衣物（尤其是冬天的毛衣毛裤）、书画拿出来曝晒，以免被虫蛀咬，故称“曝晒节”。民间说“六月六，晒丝绸”。有的地方还有“六月六，炒豆豆（实际上是小的干馍丁，当地人也叫豆豆）”的习俗。

七夕 [tɕʰi^{24} ɕi^{21}]

农历七月初七是中国传统的七夕节，传说是牛郎织女在天河上鹊桥相会的日子。

牛郎织女传说的源头在西安市长安区西北部斗门镇南沣村昆明池一带，这里有距今2000多年的牛郎织女的石刻雕像（百姓尊称为石爷石婆），还修有供奉着石婆神像的石

图7－38 石婆庙

图7－39 七夕石婆庙人山人海

图7－40 石婆庙内香火旺盛

图7－41 石婆庙内的牛郎织女像

婆庙，每年七夕这里都要举办石婆庙会。长安斗门石婆庙会七夕传说是中国古代四大传说之一，已于2010年申请为国家非物质文化遗产。

七夕石婆庙会是当地的重要活动，周边地区很多群众都来到庙会烧香祭拜，祈求爱情美满，家庭幸福。届时周边支起大大小小的帐篷，各种商贩、演艺团体汇聚于此，整个现场人山人海，热闹非凡，成了一个集祭拜、购物、娱乐为一体的大型集会。

乞巧 [tɕʰi^{21} tɕʰiɑu^{53}]

民间有在七月初七乞福、乞子、乞求智巧、乞求巧遇的习俗，故七夕节又称为“乞巧节”。乞巧内容非常丰富，主要是以年轻姑娘们为主体，大都带有竞赛性质。如“生巧芽[səŋ^{21} tɕʰiɑu^{53} ȵiɑ^{24}]”：用豌豆生出豆苗并在当日献给织女来比赛巧拙；“扎七姐[tsɑ^{24} tɕʰi^{21} tɕie^{53}]”：穿针引线验巧，或做些小物品赛巧，用面塑彩纸等扎出织女塑像；“献巧[ɕiã^{55} tɕʰiɑu^{53}]”：蒸巧馍馍、烙巧果子、摆上香案陈列瓜果等祭拜织女，等等。今天不少乞巧习俗活动已淡化或消失。

敬石爷石婆 [tɕiŋ^{55} ʂʅ^{24} ie^{55} ʂʅ^{24} pʰo^{24}]

相传西汉元狩三年（公元前 120 年），汉武帝在今西安市长安区斗门镇附近开凿了用于训练水军的昆明池，为应天象，在池畔东西两侧应星宿立牛郎、织女石像，隔池相望。这两尊石像一直被当地人称为“石爷[ʂʅ^{24} ie^{55}]”“石婆[ʂʅ^{24} pʰo^{24}]”，被誉为中国最早的大型石雕，距今已经有 2000 多年的历史。唐贞元 14 年（公元 798 年），这里又修建了供奉石像的石爷庙、石婆庙（两庙相距三四里）。1956 年，石爷石婆像被列为陕西省第一批重点保护文物。千百年来石爷庙石婆庙香火不断，至今每年七夕还保留着祭祀牛郎织女的大规模民俗文化活动。相比石婆庙，石爷庙规模很小，寒酸许多，目前只留下一个简易的棚子。

每年七夕，附近县乡，甚至甘肃、山西等地的人们尤其是未婚的青年男女，都会来到石婆庙、石爷庙，先为石像换上漂亮的新衣，然后再烧纸上香。人们还会排队依次触

图7－42 石婆像

图7－43 石爷像

图7－44 敬石婆

图7－45 排队摸石婆像

摸石像，希望沾一些福气。很多人还相信石婆会看病，据说身上哪里不舒服，只要在石婆相应部位摸一下，病就会好。

七月半 [tɕʰi^{21} ye^{0} pã^{55}]

农历七月十五是民间传统的鬼节，西安人称为“七月半”，是重要的祭奠祖先的日子。当天或之前一两天人们要到祖坟前给故去的先人烧纸钱祭奠，还有人在野外给附近的孤魂野鬼烧纸送钱。以前西安、户县一带还有七月半“放河灯[faŋ^{55} xuo^{24} təŋ^{21}]”的习俗，在上游放，到下游捞，捞得越多越吉利，但忌讳捞四盏或六盏，忌讳捞灭了的河灯。

中秋 [pfəŋ^{24} tɕʰiou^{21}]

“中秋”又称“八月十五[pɑ^{21} ye^{0} ʂʅ^{24} u^{53}]”“八月节[pɑ^{21} ye^{0} tɕie^{21}]”，是民间重要的节日。中秋的主题是团圆和赏月，主要活动包括吃月饼、吃石榴（西安地区的时令水果）、祭月亮、赏月等。月饼除了自己吃，还讲究女儿女婿给娘家父母、外甥给舅舅等长辈送月饼。

西安地区的中秋食品还有一种叫“月亮饼[ye^{21} liɑŋ^{55} piŋ^{53}]”或“月圆馍[ye^{21} yã^{24} mo^{55}]”的，它是一种自家烙的形似月亮、上有各种文饰的大饼，其实就是月饼的原形。

图7－46 月亮饼

摸秋 [mo^{24} tɕʰiou^{21}]

西安一带农村有八月十五晚上婚后未育的妇女到别人的地里偷偷摘瓜、摘豆的习俗，称为“摸秋”，现在有些地方仍然流行。据说摸到瓜类会生男孩儿，摸到豆类会生女孩儿。这天晚上妇女到别人家的地里摘瓜、摘豆不能算偷。

图7－47 做成宝塔形状的枣糕

九月九 [tɕiou^{53} ye^{21} tɕiou^{53}]

“重阳节”又称“九月九”。如今西安及周边地区登高、插茱萸、喝菊花酒的习俗已逐渐消失，但吃、送枣糕花糕的习俗仍然很流行。枣糕、花糕都是用白面蒸成，做成宝塔、花篮等各种造型，上缀以红枣或各式干果。“糕”“高”谐音，包含着人往高处走的祝福。长安、户县、咸阳一带还有九月九给女儿和外甥送柿子的讲究，祝福晚辈万事大吉，所以又叫“柿子节[sɿ^{55} tsɿ^{0} tɕie^{21}]”。

送寒衣 [suŋ^{55} xã^{24} i^{21}]

农历十月初一是民间的又一个鬼节。当天或之前一两天要给故去的先人“送寒衣”，好让祖先们在寒冬来临之际有足够的过冬衣物。民谚说：“十月一，送寒衣。”“十月一，穿齐毕。”有的除了上坟烧纸钱，还要在坟前烧纸糊的棉衣棉裤。除了给祖先，人们还常在十字路口给孤魂野鬼烧纸钱送寒衣。

“清明节”“七月半”“十月一”，农村人一般要到祖坟前烧纸，城里人离祖坟较远，大多选择在背街小巷的路边或墙根用粉笔画几个圆圈代表祖坟，然后在圆圈内烧纸祭奠。画圆圈讲究朝家乡的方向留一个豁口，这样先人们才能将钱财取走。每年这几天的夜晚，市内小街道的路边随处可见烧纸祭奠者，遍地纸灰，已成一景。

图7－48 街头送寒衣

图7－49 送寒衣烧纸时画的圆圈

冬至吃饺子 [tuŋ^{21} tsɿ^{55} tʂʰʅ^{21} tɕiau^{53} tsɿ^{0}]

西安一带，冬至要吃饺子或吃豆腐脑。饺子形似耳朵，据说吃饺子是为了不冻耳朵，吃豆腐脑是为了不冻手脚。冬至西安有的地方叫作“鬼过年[kuei^{53} kuo^{55} n̩iã^{24}]”。为了使亡灵不受冻，还有当天上坟烧纸给其送钱送衣的习俗。

吃五豆 [tʂʰʅ^{21} u^{53} tou^{0}]

关中东部的人要在腊月初五“吃五豆”，西安这一风俗主要分布在临潼一带。当天要把小豆、大豆、绿豆、豌豆、豇豆等五种豆子和大枣、大米、小米等和在一起煮粥吃。关于吃五豆的来历说法很多：有的说这样表示本年麦豆丰收并期望来年亦如此；有的说这样可以防止五毒（西安话“豆”“毒”同音）；也有的说吃了五豆粥就要开始筹办新年，要舍得花钱，不要太计较。

捌·娱乐艺术

图8-1 耍社火——百姓的狂欢节（王润年　摄）

西安一带的民间游戏和北方大多数地区一样，如丢方、斗鸡、翻交交、打猴儿、打秋千、抓猫老虎等，只是名称和具体规则存在差异。民间文艺方面，西安地区的社火文化形式多样，特色鲜明，尤其是长安侯官寨的牛老爷社火，影响很大。长安古乐、长安道情、皮影戏等也极具地方特色。民间艺术方面，除了北方地区都有的石雕、泥塑、面人、糖画外，西安地区还有很多历史悠久、艺术成就很高的传统艺术品，如花馍、剪纸以及布老虎等针织刺绣品。最有名的要数户县农民画，经过半个多世纪的发展，它现已成为蜚声海内外的关中地区民间艺术品的代表。

一　游戏

丢方 [tiou^{24} fɑŋ^{21}]

“丢方”是整个关中地区普遍流行的一种游戏，又有“占方[tʂã^{55} fɑŋ^{21}]”“搭方[tɑ^{24} fɑŋ^{21}]”“纳方[nɑ^{21} fɑŋ^{0}]”“点方[tiã^{53} fɑŋ^{21}]”等不同叫法。丢方的玩法各地略有差异，主要是在地上画出纵横交错的直线，一个四方块即为一个“方”，以树叶、树枝、土块作为“马”，双方各执一种。根据不同的规则来占对方的“方”，占尽者即为胜者。

顶四 [tiŋ^{24} sɿ^{55}]

一种和丢方玩法大致相同的游戏，又叫“搭四顶[tɑ^{21} sɿ^{55} tiŋ^{24}]”。先画纵横各四条线，游戏双方拿树叶、土块（游戏中叫“马”）等，通过一定的规则吃掉对方的“马”并占领对方的空位，以最后占完者为胜者。规则如：甲乙双方的马处在同一条线上可以互相吃（即所谓“顶[tiŋ^{24}]”）马；若甲方一个马紧挨着乙方一个马且甲方马的同一线上还有空位，于是甲方在空位上再搭一马就可以吃掉（即所谓“顶了[tiŋ^{24} lie^{0}]”）乙方那个马（叫作“单顶[tã^{21} tiŋ^{24}]”）；若其中一方占了一条线上的四个马，就是“溜上了[liou^{21} ʂɑŋ^{55} lie^{0}]”，则去掉对方两个马。

狼吃娃 [lɑŋ^{24} tʂʰʅ^{21} uɑ^{55}]

玩法和丢方、顶四有些类似，只不过给棋子加入了角色。先在地上画纵横各五条线，“狼”有三个，分别放在最外边一条线中间的三个交义点上，“娃”有十五个，放在“狼”对面一行之后另外三行的各点上。游戏通过猜拳决定谁先走，根据一定的走法和规则决定狼是否吃娃和娃是否脱困围狼。“娃”方若被吃得剩三个以下即为输，“狼”方若被全部围住即为输。

翻交交 [fã^{24} tɕiau^{21} tɕiau^{0}]

即织拙游戏，西安民间叫作“翻交交”。玩法是把长线两端系在一起，由一个人用双手手指绷起来，做成某种花样，另一个人接住重新翻绷起来，顺势翻织成另一种花样，再由第一个人接住绷，反复进行。花样有菱形、筷子、渔网等形状。

打尜 [ta^{53} ka^{55}]

“尜”为一截如饮料瓶大小两头削尖的圆木，用来打尜的木棍一般有半米长，叫“尜桄[ka^{55} kuaŋ^{55}]”。打尜前先在地上画好“摞子[luo^{21} tsɿ^{0}]”：“方摞子”约为一平米大小的一个正方形，角上画弧线，叫“尿盆子[ȵiau^{55} p^{h}ẽ^{0} tsɿ^{0}]”；“圆摞子”为直径半米左右的圆，中间画一个小圆，即“尿盆子”。打尜时先用尜桄敲击尜的尖端，使尜弹起，再往远处打尜，根据尜落点的准确度和远近决定输赢。在玩的过程中，一方将尜打出摞子，由对方在尜所在的位置将尜向摞子里丢，如果未丢入，则打尜人在尜的所在位置继续打，再由对方在尜的位置丢，如此连续进行下去。如果丢进摞子，则由打尜人把尜桄扔出去击打摞子中的尜，如果尜被击出，则打尜人可继续在尜的位置将尜打向更远方；如果未将尜击出，则此轮结束，角色转换，由丢尜人上场开始击尜。如果对方一次就将尜丢入“尿盆子”，则同样结束该轮比赛，由对方上场。

打猴 [ta^{53} xou^{24}]

西安把打陀螺叫作“打猴”或“耍猴[fa^{53} xou^{24}]”。“猴”由一小截圆木制成，一头旋成圆柱状，一头旋尖，尖顶部镶一颗铁珠子。玩儿的时候用鞭子缠住“猴”身，往地上一放，用手扶着使劲一拉，“猴”即在地上旋转起来，然后不断用鞭子抽打“猴”，

图8－2 猴

图8－3 各种大小花样的猴

图8－4 打猴是小学生最喜爱的游戏

图8－5 大猴小猴一起打

让它不停地旋转。现在的“猴”制作精美，有的还加上彩灯和响哨，转起来非常漂亮。打猴以前一般是男孩子的游戏，“猴”比较小；现在已经发展为一种大众健身游戏，在公园、操场等健身场所常可见到打猴的人。“猴”很大，鞭子又粗又长，甩起来声音很响。

斗鸡 [tou^{55} tɕi^{21}]

一种儿童游戏，西安地区还有“鸽仗[tɕʰiã^{21} tʂɑŋ^{55}]”“端盘盘儿[tuã^{21} pʰã^{24} pʰɐr^{0}]”“对盘盘儿[tuei^{24} pʰã^{24} pʰɐr^{0}]”的叫法。一般是两个人对玩，也可多人对玩。玩时用手扳起一只脚盘着，用另一只脚跳着用盘着的腿互相对撞，凡被撞倒或者“撂蹄子[liɑu^{55} tʰi^{24} tsɿ^{0}]”（扳着脚的手撒开了并且盘着的脚着地）的都算输。

图8－6 斗鸡（刘锋　摄）

绷马绳 [pəŋ^{21} mɑ^{53} ʂəŋ^{24}]

当地一种小儿游戏，有的地方又作“跑马绳[pʰɑu^{53} mɑ^{53} ʂəŋ^{24}]”。玩时分成两组，组内的人手拉着手，嘴里唱喊着儿歌，随着儿歌的喊答某个队员需扑向另一组。若能将对方的队伍扑断，则可将断处的队员拉到本组；若未扑断对方队伍，则该队员即要加入对方的队伍。通过儿歌的喊答，游戏反复进行，到其中一组仅剩两人时，重新组合继续游戏。儿歌如：“勾勾铃，绷马绳。马绳开，叫谁块（个）？就叫羊娃兀狗奴才！”“勾勾铃，绷马绳。马绳开，叫谁块？就叫羊娃回门来！”

绷弹球儿 [pəŋ^{21} tʰã^{24} tɕʰiour^{24}]

即弹玻璃珠子，男孩儿喜爱的一种游戏。绷的方式很多，各地也略有不同。可以直接弹，也可以弹到墙壁后反弹对方的珠子，以击中对方的弹球儿为胜。还可以在地上挖一个“窑[iɑu^{24}]”（小坑），以“进窑[tɕiẽ^{55} iɑu^{24}]”（把弹球儿绷进小坑）为胜。

抓猫老虎儿 [pfɑ^{21} mɑu^{24} lɑu^{0} xur^{24}]

女孩儿喜爱的一种游戏，还有叫“抓台儿[pfɑ^{21} tʰɐr^{24}]”“抓猫葫芦[pfɑ^{21} mɑu^{21} xu^{24} lu^{0}]”“抓拿儿[pfɑ^{21} nɐr^{24}]”等的。所抓之物又叫“蛋儿[tɐr^{53}]”，是用瓦渣、小石子等砸成像弹球儿大小的小块，磨成圆形，也有直接用小鹅卵石或桃核、杏核的，一副一般为七个。抓的花样很多，各地略有不同，边抓还要边唱儿歌。如把蛋儿洒在地上，先抓一个抛上去，趁其未落时迅速将另外一个抓起，然后接住落下的蛋儿；再将手中的蛋儿抛到空中，抓起两个再接，最后抓三个再接。抓的时候多抓或少抓就算犯规，撞动其他蛋儿也算犯规，先抓完者为胜者。

跳房 [tʰiɑu^{24} fɑŋ^{24}]

还有叫“踢盖[tʰi^{21} kɛ^{55}]”“跳纲[tʰiɑu^{24} kɑŋ^{21}]”“踢瓦[tʰi^{21} uɑ^{53}]”的，女孩儿喜爱的一种游戏。跳的方式很多，各地也略有不同。大致的玩法是先在地上画格子（多为“田”字格）并按顺序写上数字，跳者把一个烂瓦片或小石头扔到第一个格子里（叫作“撂一一[liɑu^{55} i^{21} i^{0}]”），单腿把瓦片由第一个格子踢向下一个格子（踢完之前另一条腿不能落地），依次类推。踢的过程中瓦片压住线就算犯规，再由对方或本组其他人来踢。

滚铁环 [kuẽ^{53} tʰie^{21} xuã^{24}]

一种很普遍的民间体育活动形式，主要是小孩儿玩。玩具包括铁环和铁棍儿（顶端弯成L形）两部分，玩时用铁棍顶端的L形下部抵住铁环推着滚动。滚铁环看似简单，但对速度、角度、方向、力量都有一定要求。现在在一些休闲场所还可见到滚铁环的人，不过玩儿的都是大人，娃忙着念书哩。

打秋千 [tɑ^{53} tɕʰiou^{21} tɕʰiã^{0}]

一种很普遍的民间体育活动。给固定的支架绑上U形长绳，长绳的一端固定木板，小孩儿或坐或站在木板上，随绳前后摇晃。民间秋千有很多形式，例如西安农村常见的形如磨盘的“磨担秋千[mo^{55} tã^{55} tɕʰiou^{21} tɕʰiã^{0}]”，在独木桩顶端安装圆轴，并横装一根粗木桩，两端装绳供人骑坐，玩时先由人在一端蹬跑，秋千即开始旋转并上下起伏。

图8－7 磨担秋千

二 社火

西安社火 [ɕi²¹ ŋã⁰ ʂɤ⁵⁵ xu⁰]

我国历史上曾把立春后第五个戊日——祭祀土地的日子叫“社日”，在春季社日祭祀时举行的杂戏、杂耍活动就叫“社火”。今天，西安乃至整个关中地区社火文化非常繁荣，逢年过节时很多乡镇都会“耍社火[fɑ⁵³ ʂɤ⁵⁵ xu⁰]”。耍社火常常和竹马、旱船、狮子、龙灯等民间文艺形式联合起来表演，其内容、规模视年景的好坏和村镇的财力而定。耍社火已经成为一个村镇大联欢，营造出浓浓的节日气氛。

图8－8 耍社火（1）（张力 摄）

图8－9 耍社火（2）（孙立新　摄）

关中地区流行的社火种类很多，如“平头桌子社火[pʰiŋ^{24} tʰou^{24} pfo^{21} tsɿ^{0} ʂɤ^{55} xu^{0}]”（在一张或几张四方桌子上立上戏剧人物形象，由人抬着边走边演）、“芯子[ɕiẽ^{55} tsɿ^{0}]”（比平头桌子社火演法复杂，见后文）、“山社火[sã^{21} ʂɤ^{55} xu^{0}]”（一种大型社火，人物众多，高可达几丈，由几十人抬着走，十分壮观）、“高跷[kɑu^{21} tɕʰiɑu^{21}]”（又名“柳木腿”，见后文）、“马社火[mɑ^{53} ʂɤ^{55} xu^{0}]”（一种骑马表演的社火）、“牛社火[ȵiou^{24} ʂɤ^{55} xu^{0}]”（一种骑牛表演的社火）、“车社火[tʂʰɤ^{21} ʂɤ^{55} xu^{0}]”（用拖拉机作舞台表演的社火）、“血社火[ɕie^{21} ʂɤ^{55} xu^{0}]”（一种场面惊险的社火）等。

图8－10 耍社火（3）

图8－11 车社火

芯子 [ɕiẽ^{55} tsɿ^{0}]

又叫“抬阁[t^{h}ɛ^{24} kɤ^{21}]”“抬社火[t^{h}ɛ^{24} ʂɤ^{55} xu^{0}]”，一种常见的高空社火形式，有“平台芯子[p^{h}iŋ^{24} t^{h}ɛ^{24} ɕiẽ^{55} tsɿ^{0}]”“杂技芯子[tsɑ^{24} tɕi^{55} ɕiẽ^{55} tsɿ^{0}]”“转芯子[pfã^{53} ɕiẽ^{55} tsɿ^{0}]”“挂芯子[kuɑ^{55} ɕiẽ^{55} tsɿ^{0}]”等很多种类。芯子是用钢材做成高达四五米的造型支架，根据钢架的结构用彩纸、布幔、颜料等装饰成各种造型，然后将演员化装成各种戏剧人物固定在支架顶端，进行各种表演。芯子千姿百态，神奇惊险，表演引人入胜。西安市长安区冯村、祝村、细柳一带，户县大王镇、定舟村、宋村一带的芯子最著名。

图8－12 芯子（1）（王润年　摄）

图8－13 芯子（2）（王润年　摄）

图8－14 芯子（3）（王润年　摄）

图8－15 芯子（4）（孙立新　摄）

侯官寨牛老爷社火 [xou^{24} kuã^{21} tsɛ^{55} ȵiou^{24} lɑu^{53} ie^{0} ʂɤ^{55} xu^{0}]

流行于西安市长安区杨庄乡侯官寨村的一种社火，它规模宏大，内容丰富，形式独特，知名度高，是陕西省首批非物质文化遗产。每年正月十五前后，侯官寨的百姓都要举行盛大的社火仪式，祈求一年风调雨顺，五谷丰登，国泰民安。因当地人把报春的春官称作“牛老爷[ȵiou^{24} lɑu^{53} ie^{0}]”，而牛老爷是这种社火的中心人物，所以叫“牛老爷社火”。

从每年农历初五开始，除上堡子（村里地势最高、风水最好的宗社）外，其余 6 个宗社（分为南社与北社两大社火帮派）就开始了闹社火的前奏——烧社火。宗社之间相互挑战，互下战书，比试高强，两个社火帮派互相上门挑战，直到所有宗社都被“烧”起来后才宣布开始耍社火。

耍社火时先要推选“牛老爷”，牛老爷必须从上堡子找出一个相貌高大威武、品德高尚贤良的人来充当。牛老爷选出后，还要选牛、选马、装社火、插社旗（插在谁家地里，就在谁家地里耍社火）、为牛老爷搭“侯官府”等，烧完头炉香后就开始耍社火。正式耍社火从正月十四开始，到正月十五结束。

图8－16 牛老爷出巡（1）（王润年　摄）

图8－17 牛老爷出巡（2）（王润年　摄）

图8－18 牛老爷出巡（3）（王润年　摄）

图8－19 侯官府前人山人海（王润年　摄）

牛老爷社火最重要的程式是牛老爷出巡看社火。出巡队伍前呼后拥，前面是信马子、马牌子，接下来依次是肃静、回避、衙役、书童等。牛老爷骑着牛走到搭好的侯官府后，从牛背上下来，在两班衙役的欢呼声中升堂开始看社火。各社社火上街巡游转三圈，依次通过侯官府。社火结束时，各社还要把牛老爷送回上堡子。

长安侯官寨牛老爷社火包含着刺绣、锣鼓、雕刻、绘画、戏剧、秧歌、祭祀、礼制等一系列民间文化形式，在方圆百里堪称一绝，深受群众喜爱。每年社火举行时附近县区，甚至甘肃、河南、山西等邻省很多人慕名而来，村子里热闹非凡。

图8－20 西装革履的艄公

图8－21 穿西装、戴耳麦的艄公

跑旱船 [pʰɑu⁵³ xã⁵⁵ fã²⁴]

“跑旱船”是当地一种常见的民间艺术活动，在迎送城隍、耍社火时，旱船表演必不可少。旱船一般用木片和竹篾扎成，外面糊上彩纸，再用各种彩花、剪纸、灯笼、镜子等进行装饰，非常漂亮。表演时一人扮作船夫，一人扮作艄公，二人以划船为主要动作，边跳边唱。跑旱船一般不是单个的，要几对儿一起表演。

耍狮子 [fɑ⁵³ sɿ²¹ tsɿ⁰]/**耍龙** [fɑ⁵³ luŋ²⁴]

“耍狮子”和“耍龙”都是关中地区常见的民间艺术形式。耍狮子表演由一人或两人披上形似狮子的道具扮演狮子，另一人持彩球在旁逗引狮子，狮子随球作翻滚、站立、仰卧、扑跃等姿势。

耍龙常需要数十人配合，春节、元宵节等节日期间以及进行重要庆典活动时常常耍龙。龙头龙身用竹篾等制成，用彩布或彩纸缝糊，画上龙鳞，用木棍支起。表演者手持木棍，随着舞龙头的人的动作，仿照龙的姿势舞动，场面非常壮观。龙型各异，有板龙、板凳龙等。

图8－22 踩高跷（1）（张力　摄）

图8－23 踩高跷（2）（张力　摄）

图8－24 踩高跷（3）（张力　摄）

踩高跷 [tsʰɛ^{53} kɑu^{21} tɕʰiɑu^{21}]

“踩高跷”是在表演者脚上绑上长木跷进行表演的民间艺术形式。表演者双脚踩两根一两米长的粗木棍扮演戏剧角色，边走边演，技术高的还能做出劈叉、翻滚或其他高难度惊险动作。在各种社火、庙会上，经常有高跷节目上演。

关中竹马 [kuã^{21} pfəŋ^{0} tsou^{24} mɑ^{53}]

“竹马”是西安及其周边地区一种独特的民间艺术形式，是以马表演为主要内容的社火艺术。竹马是用竹蔑和木片扎成马的形状，然后糊上彩纸和彩布。表演时把“马”系于腰下，演员作骑马状并配合引马者和鼓乐声表演出各种动作。竹马表演形式各地略有差异：有的表演数十匹竹马共同上阵，再配上旱船，阵容庞大；有的表演专在晚上，马肚内还可点蜡烛，再配上火流球、花灯等，场面十分热闹。

西安地区最有名的竹马是户县竹马、高陵竹马、阎良竹马。

图8－25 关中竹马（1）

图8－26 关中竹马（2）

图8－27 庙会上拉洋片的摊子

图8－28 看拉洋片

拉洋片 [la^{21} iaŋ^{24} p^{h}iã^{55}]

旧时集市上常见的一种娱乐项目。使用的道具为四周安装有镜头的木箱，箱内装有图片，并使用灯具照明。拉洋片的人在箱外一手拽住连接皮鼓和铜钹的绳子，一手拉着换洋片的绳子边唱边换；看洋片的人通过镜头看里面图片的变化。洋片的内容通常是完整的故事或风光等。因箱子上常写有“西湖美景”，西安人也常将此音转称为“西湖镜[ɕi^{21} ku^{0} tɕiŋ^{55}]”。

琉璃卟噔 [liou^{24} li^{0} pu^{21} təŋ^{0}]

形似喇叭的一种玩具，由琉璃制成，中空，底很薄。玩的时候用嘴在柄端一吸一吹，底部便发出声音。因为底部很薄易破，故有“卟噔卟噔，俩钱送命”的说法。琉璃卟噔也有叫“叮当 [tiŋ^{21} taŋ^{0}]”的，是谐音得名，俗语称某人爱生气，笑其是“气大吹叮当”。

呱啦枣儿 [kua^{21} la^{0} tsaur^{53}]

旧时西安城的小商贩，把干枣的枣核捅掉，然后烤干，挂在一个竹编纸糊的伞状货架下，走大街串小巷地卖。小贩行走时干枣互相碰撞，发出“呱啦呱啦”的声响，所以叫“呱啦枣儿”。

三　戏剧曲艺

长安古乐 [tʂʰɑŋ^{24} ŋã^{0} ku^{53} yo^{0}]

“长安古乐”又称“西安古乐[ɕi^{21} ŋã^{0} ku^{53} yo^{0}]”，是流传在西安及其周边地区的一种民间大型鼓吹合奏乐。

长安古乐演奏形式分为行乐和坐乐两种，以坐乐为主。乐器分为旋律乐器和节奏乐器，前者有笛、笙、管、双云锣、方匣子等，后者又分为鼓乐器、铜乐器和木乐器。古乐内容丰富，风格独特，音调古朴浑厚，常在庙会、祭祀仪式和传统节日上演奏。现市区城隍庙、迎祥观、显密寺、大吉昌、东仓，长安区何家营、皇甫村，周至县南集贤、仙游寺等地都有古乐社。

长安古乐起源于隋唐宫廷音乐，至今仍保留着完整的曲目、谱式、结构、乐器及演奏形式，是迄今为止在我国境内发现并保留最完整的大型民间乐种之一，是我国古代音乐的重要遗存，被国际音乐界和史学界称为中国古代音乐的“活化石”。

图8－29 长安古乐——行乐（1）

图8－30 长安古乐——行乐（2）

图8－31 长安古乐——坐乐（1）

图8－32 长安古乐——坐乐（2）

图8－33 长安古乐

长安道情 [tʂʰaŋ^{24} ŋã^{0} tau^{55} tɕʰiŋ^{0}]

“长安道情”也称“拉皮戏[la^{21} pʰi^{24} ɕi^{55}]”“关中道情[kuã^{21} pfəŋ^{0} tau^{55} tɕʰiŋ^{0}]”，古长安地区道教徒以道教故事为题材，通过唱词诵经、敷演道中情理。长安道情以简单的坐班清唱等形式在长安农村传唱，不用搭台，不用化装，利用简单的锣鼓、竹板、梅笛、三弦、板胡等乐器，吹拉演唱，自娱自乐，很受群众喜爱。

秦腔 [tɕʰiẽ^{24} tɕʰiaŋ^{21}]

“秦腔”又称“乱弹[luã^{55} tʰã^{24}]”，流行于陕西关中及甘肃、青海、宁夏等地，是第一批国家级非物质文化遗产。因其以枣木梆子为敲击乐器，所以又叫“梆子腔[paŋ^{21} tsɿ^{0} tɕʰiaŋ^{21}]”“桄桄子[kuaŋ^{24} kuaŋ^{0} tsɿ^{0}]”。西安的“易俗社”是著名的秦腔剧团。

图8－34 秦腔伴乐

图8－35 秦腔扮相

图8－36 老腔戏（1）

老腔 [lau^{53} tɕ^{h}iaŋ^{0}]

俗称“老腔戏[lau^{53} tɕ^{h}iaŋ^{0} ɕi^{55}]”，以华阴老腔最为著名，是一种古老的原生态戏剧艺术形式，已入选中国第一批非物质文化遗产名录。老腔起源于陕西华阴，相传西汉时期当地漕运的带头船工为了统一大家的动作，一边喊着船工号子，一边用木块敲击船帮，老腔即由此而来。老腔戏以皮影戏为依托，唱戏人在后台是皮影戏，跑到前台吼唱就是老腔。一台老腔戏一般只需五人即可：签手（指挥皮影）、副签手、前首（主唱）、后台和板胡。老腔在戏剧唱腔、曲式结构、乐器伴奏等方面都保留了艺术源发时期的自然形态，声腔独特、慷慨激昂、雄壮强悍、苍凉悲壮，在关中地区广受欢迎。

图8－37 老腔戏（2）

图8－38 老腔戏（3）

图8－39 老腔戏（4）

图8－40 线猴子（1）

图8－41 线猴子（2）

线猴子 [çiã^{55} xu^{0} tsɿ^{0}]/**掫猴子** [tʂou^{53} xu^{0} tsɿ^{0}]

木偶的两种形式，在西安地区都很普遍。“线猴子”即提线木偶，又称“线猴猴戏[çiã^{55} xu^{0} xu^{0} çi^{55}]”，用线连接木偶的关节等处，表演时人们用提线放线的方式牵引木偶表演动作。“掫[tʂou^{53}]猴子”即杖头木偶，表演时由艺人“掫[tʂou^{53}]”（托举）着木偶，并用木棒操纵木偶。

皮影 [pʰi^{24} iŋ^{53}]

关中地区一种传统的民间艺术表演形式。以泡制好的牛皮为材料，用刀具雕刻出各种戏剧人物、花鸟鱼虫、飞禽走兽，然后涂上各种颜色即成皮影。表演时先在台前安一块白布作屏幕，在皮影人物的手、脖子等部位安上能够用手操作的木棍儿，然后表演者在后面把皮影贴在屏幕上进行表演，幕后同时演唱与皮影人物、故事有关的秦腔戏曲。屏幕后面打出灯光，欣赏起来犹如电影一般。声影结合，有强烈的感染力。

图8－42 制作皮影

图8－43 皮影

图8－44 皮影戏（1）

图8－45 皮影戏（2）

图8－46 皮影戏（3）

图8－47 皮影戏（4）

眉户戏 [mi^{55} xu^{0} ɕi^{55}]

又叫“眉户子[mi^{55} xu^{0} tsɿ^{0}]”。眉户戏是一种地方小剧种，曲调清新柔婉，盛行于关中、晋南一带，在河南、湖北、四川、甘肃和宁夏的部分地区也有流行。民俗学家张志春教授说，他曾经采访过著名眉户剧《梁秋燕》的作者黄俊耀先生。黄先生指出，眉户戏原来写作“迷糊戏”，马健翎创作《十二把镰刀》时，采用了迷糊戏的音乐、唱腔，第一次用到“郿鄠”的写法。当时黄俊耀先生在场，曾指出用这两个字有误，马健翎说：“就是那个调调嘛。”没有改。从此，“郿鄠戲”（眉户戏）的写法就流行开来，并导致人们认为它是发源于眉县、户县一带的戏曲形式。

四 雕刻绘画

石雕 [ʂʅ²⁴ tiau²¹]

西安南依秦岭，石料资源丰富，石雕工艺历史悠久。民间房屋建筑所用门墩、拴马桩、上马石、碑石、马槽等多用石雕。陵墓、庙宇、楼阁、大宅中石狮、石羊等更是随处可见。最有名的石雕要数长安斗门镇的石爷石婆雕像了。

图8－48 拴马桩柱头的石雕

图8－49 上马石上的石狮子

图8－50 庭院围墙上立的石狮子

图8－51 太平缸上的砖雕

砖雕 [$pf\tilde{a}^{24}$ $tiau^{21}$]

“砖雕”在西安民居中也很常见，用青砖雕刻而成的狮子、猴子、鹿、仙鹤、花瓶、牡丹、云朵、莲花、戏剧人物、神话故事等在庙宇、祠堂和富贵人家的建筑物上随处可见。砖雕大多是浮雕，可以把事物雕刻得极其精致。

图8－52 大门墙壁上的砖雕

图8－53 照壁上的砖雕

图8－54 玉白菜

图8－55 玉蟾蜍

玉雕 [y^{24} $tiau^{21}$]

西安地区的玉雕也很有名，尤其是蓝田的玉雕。蓝田玉俗称“菜玉”，质地坚硬，色彩斑斓，光泽温润，纹理细密。

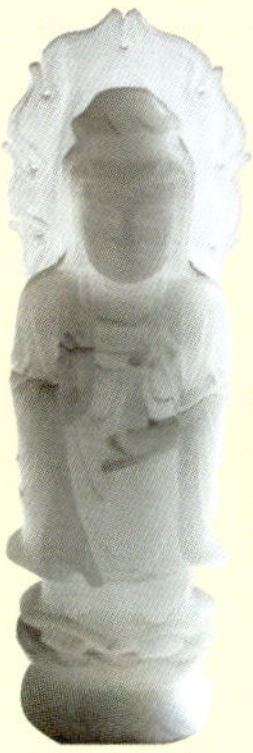

图8－56 玉观音

木雕 [mu^{24} $tiau^{21}$]

一种传统的民间艺术形式，用木头雕刻出各种造型，有立体雕塑、浮雕、镂雕等多种类型。在西安的传统大户人家，民居建筑、日用家具、工艺摆件，随处可见木雕作品。

图8－57 门柱上的木雕武将

图8－58 窗棂上的镂雕祥云

图8－59 门扇上的浮雕

图8－60 木雕筷笼

图8－61 泥叫叫（1）

图8－62 泥叫叫（2）

图8－63 泥叫叫（3）

泥叫叫 [ȵi²⁴ tɕiau⁵⁵ tɕiau⁰]

西安地区把泥塑玩具叫“泥叫叫”，又称“泥戏人[ȵi²⁴ ɕi⁵⁵ zẽ²⁴]”“娃娃哨[ua²⁴ ua⁰ sau⁵⁵]”。因最常见的泥塑玩具是一种玩具哨子，故而得名。除了哨子造型，取自传统小说、戏曲中的人物、动物造型也非常多。西安最有名、工艺水平最高的是鱼化寨的泥叫叫。

核雕 [xɯ²⁴ tiau²¹]

指用纹路清晰、质地良好的桃核雕刻出来的工艺品。核雕是一种微雕艺术，工序复杂。西安一带以阎良区的核雕工艺最有名。

糖人 [tʰaŋ²⁴ zẽ²⁴]

一种常见的民间艺术形式。将砂糖、葡萄糖或饴糖等通过配料、熬制、拉糖、吹糖等程序加工处理，制作出各种立体造型，如生肖、花鸟、人物等。糖人色彩艳丽、质感晶莹，兼有观赏性、可食性、艺术性，特别受小孩儿欢迎。吹糖人关键在于手巧气匀，默契配合，准确把握时机。

图8－64 捏糖人

图8－65 吹糖人（1）

图8－66 吹糖人（2）

图8－67 吹糖人（3）

图8－68 吹糖人（4）

图8－69 各种造型的糖人

糖画 [t^{h}ɑŋ^{24} xuɑ^{55}]

一种利用熬制后的糖稀进行制作的民间艺术形式。和糖人不同，糖画一般是平面造型，利用浇糖稀的手法，加上后期加工，制作出各种动物、人物形象。

图8－70 浇画糖画（1）

图8－71 浇画糖画（2）

图8－72 浇画糖画（3）

图8－73 糖画

图8－74 各种造型的糖画

图8－75 插满各种面人儿的货架

图8－76 面人儿

面人儿 [miã^{55} ẓər^{24}]

一种用彩色面团制作而成的传统民间艺术形式，即面塑。原料多为面粉或糯米粉，配以各种颜料，再辅以麦秆、竹篾等小工具，捏出小动物、神话人物、动画人物等各种造型。

针指 [tṣẽ^{21} tsɿ^{53}]

又称“针扎[tṣẽ^{21} tsɑ^{0}]”，是手工缝制的小工艺品，如香包、裹肚、布老虎、虎头鞋、虎头鳖盖等。从人们的穿戴到房间装饰等，针指工艺品随处可见。这些工艺品式样丰富、色彩绚丽，图案做工都有很高的艺术成就。

图8－77 针线包（孙立新　摄）

图8－78 布老虎

秦绣 [tɕ^{h}iẽ^{24} ɕiou^{55}]

陕西传统的刺绣工艺，与我国传统名绣苏绣、湘绣、蜀绣等齐名。秦绣历史悠久，最晚可上溯到南北朝时期。秦绣色彩艳丽，粗犷豪放，一般以大红大绿为主色调。百姓生活的方方面面都有刺绣，如衣服、鞋帽、手绢、枕头、门帘、褡裢等。秦绣以西安及其周边周至、高陵等地的最为著名，其中周至哑柏的秦绣品质最高，名气最大，现已成为西部最大的秦绣生产和销售基地。

图8－79 绣有精美图案的虎头帽

图8－80 秦绣

布老虎 [pu^{55} lɑu^{21} xu^{0}]

西安常见的一种针指工艺品。用黄黑两色布为主料缝制成老虎模样，面部用彩线绣出眉目，内部填满棉絮，既可以做玩具，也可以做枕头。老虎背上还经常缝上蜈蚣、壁虎、蝎子等毒虫。老虎能驱凶避邪，故在小孩出生、满月或周岁时，常有送布老虎的习俗。

图8－81 布老虎（1）

图8－82 布老虎（2）

纸扎 [tsɿ^{53} tsɑ^{21}]

用竹篾为骨架做出造型，上覆以各色彩纸而成的一种工艺品，主要用于丧葬活动。纸扎最常见的造型有花圈、花篮、金山、银山、金童、玉女、仙鹤、摇钱树等，现在还有冰箱、保险柜、彩电等。

图8－83 各种造型的纸扎（1）

图8－84 各种造型的纸扎（2）

剪纸 [tɕiã^{53} tsɿ^{53}]

“剪纸”是西安乃至整个陕西省著名的民间艺术形式。剪纸最多的形式是窗花，题材以梅兰竹菊、花鸟鱼虫以及各式神话传说、文学作品中的人物形象等为主。西安地区的剪纸以高陵剪纸和户县剪纸最为有名，那里曾经出过栗秀娥、苏志祥、阎玉珍、梁玉梅等艺术大师。

图8－85 剪纸（1）

图8－86 剪纸（2）

户县农民画 [xu^{55} ɕiã^{55} luŋ^{24} miẽ^{24} xuɑ^{55}]

“农民画”是一种融合了民间剪纸、壁画、年画、刺绣等艺术形式的新兴民间艺术，建国后逐渐在西安的户县一带繁荣发展起来。农民画的创作者都是农民，画的题材大都贴近生活，取自农业生产、农村景象等。农民画色彩绚丽夸张、风格简洁明快、形式简单质朴、主题寓意深刻。农民画中数户县农民画成就最高，全县很多村镇已形成农民画产业，建有很多农民画画廊和博物馆。全县农民画创作队伍已达数千人，涌现出李凤兰、刘志德、刘知贵、雒志俭、王文吉等一批著名农民画家。2004 年户县农民画曾在钓鱼台国宾馆召开“中国农民画艺术节”新闻发布会，又在中国美术馆举办了“户县农民画精品展”，在全国引起很大反响。户县农民画现已成为欧美等国收藏家收藏的对象，是西安与世界交流的一张文化名片。

图8－87 户县农民画（1）

图8－88 户县农民画（2）

图8－89 户县农民画（3）

玖·宗教信仰

图9-1 城隍夫妇神像（樊列武　摄）

西安居民有多神多祭的习俗：几乎村村都有土地庙、龙王庙；家家大门上贴门神，土地台儿上供奉土地爷，厅里供奉财神爷，灶房里供奉灶爷，井台上供奉龙王，福禄寿三星也常受祭拜；寺庙道观林立，庙会四季不断；其他诸如老天爷、城隍爷、药王爷、马王爷、魁星、各行业祖师等神灵比比皆是。逢年过节、婚丧嫁娶、盖房挖井，遇大事小事，更是要祭拜神灵。年节到来的时候，集市上售卖各种神龛、神像、香蜡祭品的小摊买卖不断，祭神俨然是生活的一部分。

西安人习惯把男性的神灵叫“爷”，如灶爷、龙王爷、土地爷、石爷；把女性的神灵叫“婆”(“婆”指“祖母”)，如石婆（织女）。

除了祭神外，西安人的宗教信仰也比较多。回民信伊斯兰教，汉族人多信佛教和道教。

一　神灵祭祀

城隍爷 [tʂ^{h}əŋ^{24} xuaŋ^{0} ie^{55}]

“城隍爷”是传说中护佑城市的神，通常都是当地历史上的英雄或名人。祭祀城隍爷的地方通常是城隍庙，每逢清明、寒食或亡人的忌日，人们都来庙内祭奠。西安市西大街大学习巷的城隍庙建于明代，是我国三大城隍庙之一，与北京、南京城隍庙齐名。西安及其周边地区的城隍庙如户县城隍庙、长安王曲城隍庙、三原城隍庙大都建于明代，非常有名。除了到庙里祭祀外，各地还有其他形式的祭祀，如迎城隍、游城隍等。西安一些地方还有游祭的城隍，由几个村镇轮流祭祀。

图9－2 城隍庙

图9－3 随处可见的城隍庙

图9－4 城隍爷夫妇神像（1）

图9－5 城隍爷夫妇神像（2）

图9－6 王曲城隍庙门匾（樊列武　摄）

王曲城隍庙祭祀 [uaŋ^{24} tɕʰy^{21} tʂʰəŋ^{24} xuaŋ^{0} miau^{55} tɕi^{55} sɿ^{0}]

西安很多村镇都有城隍庙，每年都有大规模的祭祀活动，其中最出名的要数长安区的王曲城隍庙祭祀。王曲城隍庙庙会规模宏大，可容纳千人。城隍庙里供奉的是汉代刘邦手下的大将纪信，号称“十三省总城隍”。每年农历二月初八，周边的老百姓都汇集到王曲城隍庙祭拜祈福。祭祀先由主祭人恭读祭文，完毕后“摆祭[pɛ^{53} tɕi^{55}]”，摆上丰盛的祭品致祭，善男信女相继烧香点蜡，祭拜纳贡。除祭祀活动外，还有各种表演，商贩也都云集于此，热闹非凡。

图9－7 王曲城隍庙祭祀（1）（樊列武　摄）

图9－8 王曲城隍庙祭祀（2）（樊列武　摄）

图9－9 祭祀中准备焚烧的城隍神轿（樊列武　摄）

图9－10 庙会上的演出（樊列武　摄）

接爷 [tɕie^{21} ie^{55}]

西安一些地方有游祭的城隍，由几个村镇轮流祭祀。正月十五以前（一般在正月十二）把城隍爷从别的村子接回本村，这种活动叫“接爷”。

图9－11 隆重的接城隍活动（樊列武　摄）

西安户县北部一带的接爷活动最著名，称为“北乡迎城隍[pei^{24} ɕiaŋ^{21} iŋ^{24} tʂʰəŋ^{24} xuaŋ^{0}]”，现为省级非物质文化遗产保护项目。当地所接城隍有三尊，都是当地比较著名的神，相传明太祖朱元璋曾封其为“都府城隍”：大城隍为汉将纪信，在富村、梧桐村等19个村轮祭；二城隍为明将韩成，在孝义坊、东韩村等21个村轮祭；三城隍为汉将周苛，在皇甫村、三旗村等13个村轮祭。其中迎大城隍纪信的活动最为盛大，又称“十九堡迎城隍[ʂʅ^{24} tɕiou^{53} pu^{53} iŋ^{24} tʂʰəŋ^{24} xuaŋ^{0}]”。

接爷和交接祭祀的仪式都非常隆重。接爷的队伍分神职队和民间艺术表演队，神职队负责护送城隍夫妇神轿，表演队前后相随，有锣鼓、秧歌、梆子舞、夹板舞、舞龙、舞狮等多种形式。整个队伍旌旗招展，锣鼓震天，绵延数千米。交接仪式上一般由村中德高望重的老人担任主祭，进行恭读祭文、依礼致祭等仪式，最后将城隍爷迎回村里的城隍庙内（或土地庙、观音庙）安放。

当地人把二十年左右轮一次的迎城隍活动看得极为重要，它已不仅是一种城隍信仰，而且还是村与村之间文化、经济实力比拼的舞台，更是春节期间百姓的一次大联欢。每年的迎城隍活动都会吸引当地及周边地区数万百姓参加。各种小商贩也都在这几天聚集在两村之间，摆上摊位，热闹非凡。

图9－12 接城隍队伍中的神职队（樊列武　摄）

图9－13 抬着城隍夫妇神像的神轿（樊列武　摄）

图9－14 接城隍队伍中的锣鼓队（樊列武　摄）

图9－15 神轿（樊列武　摄）

图9－16 祭拜城隍夫妇神像（樊列武　摄）

游城隍 [iou^{24} tʂ^{h}əŋ^{24} xuɑŋ^{0}]

西安地区关于城隍爷的活动还有游城隍。活动的主要内容是在特定的日子里（各村镇因城隍而异，一般在城隍的生日或忌日）将城隍爷由安置神像的庙内抬出，然后绕着村子巡游一圈。有城隍庙的村游的是本地城隍，没有本地城隍的可以游轮祭的城隍。游城隍的队伍前呼后拥、声势浩大，所到之处百姓都要放鞭炮迎接，有的还要奉上祭品。最后再把城隍爷抬回庙内进行简单的祭祀。游城隍的主要目的是让城隍爷“巡视辖地”，体察百姓疾苦。

图9－17 游城隍（1）（樊列武　摄）

图9－18 游城隍（2）（樊列武　摄）

图9－19 游城隍（3）（樊列武　摄）

图9－20 供奉家宅六神等的神龛

图9－21 贴在堂上的“天地君亲师”神位

家宅六神 [tɕiɑ^{21} tsei^{24} liou^{21} ʂẽ^{24}]

一般指保护家宅的灶王、土地、门神、户尉、井泉童子、三姑夫人六位尊神，和菩萨、财神等一同成为百姓家祭的主要对象。家宅六神的牌位通常安放在厅房的神龛内，逢年过节都要进行祭拜。

老天爷 [lɑu^{53} tʰiã^{0} ie^{55}]

祭祀老天爷能保佑风调雨顺、人寿年丰，老百姓常在堂内正中贴着写有“天地君亲师之位”的神位前祭拜，有的也将其贴在正房前檐的墙上祭拜。

门神爷 [mẽ^{24} ʂẽ^{0} ie^{55}]

“门神爷”是家宅的保护神，职责是掌管大门，驱邪避鬼，保平安降吉祥。每到春节前，家家户户都要换门神，贴上新的门神像。有的还要在门后的门神龛里贴上神像，点上香蜡祭门神。

西安及关中地区的门神爷是秦琼、尉迟恭。

图9－22 门神像

图9－23 门神龛

图9－24 龙王爷神像

图9－25 井神龛

龙王爷 [luŋ^{24} uaŋ^{0} ie^{0}]

在城市人的概念里，龙王爷即“井神[tɕiŋ^{53} ʂẽ^{24}]”，又称“井龙王[tɕiŋ^{53} luŋ^{24} uaŋ^{0}]”“井王爷[tɕiŋ^{53} uaŋ^{24} ie^{0}]”。西安民居中普遍有“井神龛[tɕiŋ^{53} ʂẽ^{24} kʰã^{21}]”。井神龛一般位于院中水井的上方，没有水井的也可设在水龙头上方。逢年过节时人们都会在神龛里贴上神像，点燃香蜡，祭拜井神。当地民歌唱道：“天皇皇，地皇皇，一家老小敬龙王。龙王爷，本姓净，你把水儿来管清。”

在农村，龙王爷不仅是井神，而且是掌管一切水的大神，可以保佑当地不遭旱灾、不发洪水等。西安及关中很多村子都有龙王庙，对龙王的大型祭拜都在龙王庙进行。

土地爷 [tu^{53} ti^{0} ie^{55}]

西安人把土地神称为“土地爷”“社公[ʂɤ^{21} kuŋ^{0}]”“土堆爷[tu^{53} tuei^{0} ie^{55}]”“窑窝儿爷[iau^{24} uor^{0} ie^{55}]”。几乎每个村子都有土地庙（或称“土地堂[tʰu^{53} ti^{0} tʰaŋ^{24}]”），每家都有“土地台儿[tʰu^{53} ti^{0} tʰɐr^{24}]”。

土地台儿一般在院子里直对大门的墙面上，有影壁的可设在影壁中心，人称“进门土地堂，家有万担粮”。一般人家的土地台儿仅几块砖而已，非常简单，大户人家的土地台儿则非常精美。春节前要在土地台儿中贴上写有“土中生白玉，地内产黄金”的土地神像进行祭拜。盖房子、开墓等需要挖土的时候，必须先敬土地爷。

图9－26 墙面上的土地台儿

图9－27 影壁上的土地台儿

图9－28 灶爷神像

灶爷 [tsɑu^{55} ie^{0}]

“灶爷”又称“灶王爷[tsɑu^{55} uɑŋ^{0} ie^{55}]”“灶君[tsɑu^{55} tɕyẽ^{0}]”，负责人间与上天的沟通，掌管一家的生死祸福，是当地民间特别敬重和爱戴的家宅主神，供奉在灶台上。传说每年农历腊月二十三、二十四左右，灶爷都要上天向玉帝“述职”，此时人们需要祭灶送灶神。除了小年，逢初一、十五，红白喜事，灶爷神位前也常香火不断。每年腊月二十三要换上新请的灶爷像，正月初一早上开始天天早晚都得敬，直到正月十六。

福禄寿三星 [fu^{24} lou^{0} ʂou^{55} sã^{24} ɕiŋ^{21}]

“三星”是典型的吉神，福星掌管给百姓赐福，禄星掌管人间荣禄贵贱，寿星可保长寿，此即所谓“三星高照”。三星的神像一般挂在正房正中，时常祭拜，也有的在春节前将三星神像贴于神龛祭拜。

图9－29 三星神像

图9－30 财神神像

图9－31 五路财神牌位

财神爷 [ts^{h}ɛ^{24} ʂẽ^{0} ie^{55}]

“财神爷”掌管财运。关于财神的说法很多，最普遍的是以赵公明为首的五路财神，还有文财神福禄寿三星、武财神关公等，西安地区一般对赵公明五路财神特别崇敬。每年正月初五，百姓都要祭财神，或去财神庙烧香祈福，或在家中的神龛里贴上神像祭拜。神像两侧通常写着“财神到家来贺喜，今年必有大财发”“财源通四海，福路达三江”等，也经常把财神和福禄寿三星的神像放在一起祭拜。在财神赵公明故里西安周至县集贤镇，还有规模宏大的以赵公明财神庙为核心的财神文化景区。

敬先儿 [tɕiŋ^{55} ɕiɐr^{21}]

西安话把祖先叫“先儿[ɕiɐr^{21}]”或“祖先爷爷[tsou^{53} ɕiã^{21} ie^{55} ie^{0}]”，西安人常在逢年过节、婚丧嫁娶等重要场合“敬先儿”。如大年三十早晨起来要敬先儿，婚礼中成婚仪式前要敬先儿。敬先儿大多是将祖先牌位或遗像置于客厅正中的供位上，再摆上香、烛以及各类祭品进行祭拜。

图9－32 供奉祖先牌位

图9－33 婚礼中敬先儿

拜家谱 [pɛ^{55} tɕiɑ^{21} p^{h}u^{53}]

西安地区百姓还有拜家谱或拜家训的习俗。一般是将家谱排行或家族祖训制成一幅中堂（有的直接买一幅包含此类内容的画）供奉起来，逢年过节都要拜。

图9－34 拜家谱（1）

图9－35 拜家谱（2）

二　民间活动

立筷子 [li^{21} k^{h}uɛ^{55} tsɿ^{0}]

“立筷子”的目的是判断出导致人生病的鬼魂（一般是某位死去的亲属）是哪一位。具体做法是由一名中老年妇女盛一碗凉水，将三根筷子拢在一起直立于碗中，操作时口中念念有词，内容大概是对心中怀疑的鬼魂一一试问。若念至某位亡者的姓名时筷子刚好立住，则确定病人受到了这位亡者指责而病。这时要立刻打倒筷子，将水泼到大门外，并将碗扣于门后，筷子放在碗底上。家属需马上给这位亡灵烧纸祭拜，请求鬼魂离去、病人痊愈。立筷子还有“摸量[mo^{21} liaŋ^{0}]”“墓量[mu^{55} liaŋ^{0}]”的叫法。

图9－36 立筷子

志水壶 [tsɿ^{55} fei^{53} xu^{24}]

民间认为染上疾病是因为鬼魂在作祟，要想痊愈必须送鬼，“志水壶”可以确定鬼魂的方位。程序是先在大盘子内盛满水，将水壶或酒壶倒扣于水中，再在盘子下加热，壶口哪边冒泡，则哪个方位的鬼魂在作祟，必须朝这个方向烧纸磕头送鬼。

打醋坛 [ta^{53} ts^{h}ou^{55} t^{h}ã^{0}]

“打醋坛”是一种比较原始的驱晦祈福的活动。当地人常在大年初一清早起来，烧红一只犁地的铁铧，用钳子夹着在屋里屋外走，边走边往上倒醋，以祛除晦气。正月初五“送穷”也常用这种方法。有些地区类似的风俗需用炭，所以又写成“打醋炭”，西安人不用炭。

在西安及整个关中地区，结婚典礼上也有打醋坛活动。具体做法是，迎亲车娶回新媳妇来到男方家大门口后，把马卸套牵走，车辕架在一条长凳上。这时男方执事走出来，一手端醋，一手拿烧红的犁铧，绕着大车顺转三圈，倒转三圈，边转边往犁铧上洒醋。同时，另外一个人用竹竿挑着鞭炮绕车燃放，并把几个点燃的鞭炮扔到空中。

叫魂 [tɕiɑu^{55} xuẽ^{24}]

西安民间常在人受到惊吓或患重病时给病人“叫魂”，以缓解病情。叫魂前后要进行一定的仪式，叫的时候需两人配合，一人高呼“某某（病人姓名）回来”，一人答道“回来了”。

民间认为孩子十二岁以下时魂魄不全，容易被路边野鬼勾走，要是妇女单独抱睡着的幼儿回家，一路上都要反复叫道：“某某，回来！我娃回来了！”

收惊 [ʂ̧ou^{24} tɕiŋ^{21}]

西安人认为小孩子受到惊吓后，家人一定要“收惊”。收惊是由一名老妇人摸着小孩的头正反各三圈，边摸边念：“勺儿星，你收惊。隔河叫，跟水应。隔山叫，跟岭应。某某，回来！”抱孩子的人答道：“回来了！”“收惊”其实是“叫魂”的另一种表现形式。

烧燎 [ʂ̧ɑu^{21} liɑu^{24}]

人们认为火能避邪，并能让鬼魂害怕，故小孩儿晚上不停啼哭时将房门大开，在容器中点燃少量麦草，快速在孩子头上绕三圈，家长口中骂着所怀疑的造孽的鬼魂，然后把麦草灰倒在门外，最后关门。也有的是在门外生一堆火，父母抱着小孩从火上来回跨过三次，为小孩驱鬼。

搭桥 [tɑ^{21} tɕ^{h}iɑu^{24}]

祈求神灵尽快将病危的老人引入阴间，以减轻其痛苦。“搭桥”时将白纸折成V形并扣在地上，两两并排一直从病人床前放到门外，形如桥状。然后敬神，祈求其带病人升天，最后点燃纸桥。若纸桥全部烧完，则病人会很快去世；如中途熄灭，则表明病人还得继续遭受阳罪。

耍马角 [fɑ^{53} mɑ^{53} tɕyo^{21}]

即跳神，西安有些地方也叫“下神[ɕiɑ^{55} ʂẽ^{24}]”“耍神[fɑ^{53} ʂẽ^{24}]”，主要是在家人生病或遇到坎坷时为祈求平安而作。“耍马角”时要先“敬先儿[tɕiŋ^{55} ɕiɐr^{21}]”（见“敬先儿”条），然后由“顶神[tiŋ^{53} ʂẽ^{24}]”（男巫师）或“神婆子[ʂẽ^{24} pʰo^{0} tsɿ^{0}]”（女巫师）祈祷、静坐、念咒等，最后告诉主家是某神附体，或是得罪了某神，或是家中的某个摆设冲撞了鬼神，最后由主家烧纸祛除。

清宅子 [tɕʰiŋ^{21} tsei^{24} tsɿ^{0}]

家中出了祸事或搬新家的时候，西安人常常要“清宅子”。清宅子后家里三天不能来生人。

点平安钱粮 [tiã^{53} pʰiŋ^{24} ŋã^{21} tɕʰiã^{24} liɑŋ^{0}]

西安、户县一带把蜡烛叫“前亮[tɕʰiã^{24} liɑŋ^{0}]”（谐音“钱粮”），“点平安钱粮”就是用以点蜡烛为主的方式来供应香火，祭拜神灵，祈求平安。有的是在遇到天灾人祸时设神龛点香火，满一个月后再放鞭炮送走神灵；有的是在过村会前十天左右开始点平安钱粮，最后放鞭炮送走神灵；有的是七月半的时候在宅子、庙堂等地方点平安钱粮。总之，点平安钱粮的时间、方式多种多样，目的都是祈求平安。

墩棒槌 [tuẽ^{21} pɑŋ^{55} pfʰei^{0}]

西安地区久雨不晴时，会有多种多样的祈晴活动。有的是家庭主妇（也可是独生女儿）将洗衣服用的棒槌倒立在庭院里驱雨，俗称“墩棒槌”或“顶天[tiŋ^{53} tʰiã^{21}]”；有的会用竹竿高挑“扫天婆[sɑu^{53} tʰiã^{21} pʰo^{55}]”、“扫天媳妇[sɑu^{53} tʰiã^{21} ɕi^{21} fu^{0}]”（纸糊或布缝的手拿扫帚的女人），将其挂在院内，叫作“挂扫天婆”；还有的由寡妇或年轻女孩手举扫帚朝天扫划，同时颂祈晴歌，叫作“扫天[sɑu^{53} tʰiã^{21}]”。当地人认为这样能扫尽乌云，迎来天晴。

三　宗教活动

拜如来 [pɛ[55] vu[24] lɛ[24]]/**拜观音** [pɛ[55] kuã[21] iẽ[0]]

西安地区百姓，尤其是农村的百姓信佛教的较多，故民间对佛教神灵的祭拜很普遍，其中祭拜最多的是“如来[vu[24] lɛ[24]]”和“观音[kuã[21] iẽ[0]]”。很多百姓在家中设神位，摆上如来或观音的塑像、画像，逢年过节都要烧香祭拜，虔诚者甚至每天都拜，香火不断。

图9－37 拜如来／拜观音（1）

图9－38 拜如来／拜观音（2）

放舍饭 [faŋ^{55} ʂɤ^{53} fã^{0}]

每年腊月初八，西安地区寺院的僧徒们都会煮粥供佛并向周边的百姓“放舍饭”。据说吃了寺院散发的舍饭可以得到佛祖保佑，所以穷人把它叫作“佛粥[fo^{24} tsou^{21}]”。放舍饭的寺院有南城墙根的卧龙寺、城南的大兴善寺等。腊月初八领舍饭的人们在凌晨四五点钟就排在寺院门口，场面蔚为壮观。

图9－39 大兴善寺腊八放舍饭

图9－40 大兴善寺排队领粥的人们

图9－41 领粥的老人

图9－42 超度仪式（1）（慈灯　摄）

图9－43 超度仪式（2）（慈灯　摄）

超度 [tʂ^{h}ɑu^{21} tou^{55}]

僧尼、道士等通过诵经拜忏的方式，使逝去的人脱离苦难、功德圆满。西安的八仙庵、卧龙寺、大兴善寺等都可以举行超度仪式。

图9－44 水陆法会（慈灯　摄）

水陆法会 [fei^{53} lou^{21} fɑ^{21} xuei^{55}]

又称水陆道场，是佛界最隆重的法事之一，即设斋供奉以超度水陆众鬼的法会。如长安兴教寺每年都会举办护国息灾水陆法会，在全国和东南亚佛教界享有很高声誉。

瑜伽焰口法会 [y^{24} tɕiɑ^{0} iã^{55} k^{h}ou^{0} fɑ^{21} xuei^{55}]

一种超度亡者，求其不再受苦、早日脱离苦海的法事，也是一种对亡者的祭祀。主要通过点燃蜡烛等方式施放焰口、施舍食物，为亡者说法等。

图9－45 点蜡烛放焰口（1）（慈灯　摄）

图9－46 点蜡烛放焰口（2）（慈灯　摄）

〔 西安方言音系 〕

一　声母（27个，包括零声母）

p巴别布	p^h怕盘跑	m门米面		
pf抓庄追	pf^h春床吹		f飞父水	v文无锐
t多点豆	t^h他啼稻	n难怒弄		l来利内
ts资嘴渣	ts^h此才茶		s四隋沙	
tʂ知丈周	$tʂ^h$吃超车		ʂ世烧社	ʐ然柔
tɕ今将绝	$tɕ^h$去青奇	ȵ泥硬女	ɕ西香形	
k古共贵	k^h可狂亏	ŋ娥安袄	x孩痕回	
Ø日言五云				

二　韵母（40个）

ɿ资此时/ʅ知池十	i第鸡备衣	u故木出乌	y女虚玉
ɑ爬辣抓	iɑ架掐压	uɑ花刮娃	
o坡模物		uo河落说	yo虐学岳
ɤ割车惹			

	ie野铁灭		ye靴劣悦
ɛ盖买帅	iɛ阶崖	uɛ怪外歪	
ɯ核磕			
ei色百水		uei桂堆内	
ɑu饱桃袄	iɑu条秒交摇		
ou奴口斗	iou绿九有		
ɚ耳日			
ã半胆三船	iã边天减盐	uã短官完	yã圆犬选
ẽ本根枕准	iẽ紧林心印	uẽ温魂棍	yẽ军群云
ɑŋ忙党上床	iɑŋ讲良羊	uɑŋ光黄王	
əŋ碰庚中	iŋ冰灵星影		
		uŋ东松红	yoŋ穷胸永

三　单字调（4个）

阴平	21	高专天婚发辣日	阳平	24	平门陈寒达学白
上声	53	顶水古体好女有	去声	55	叫盖令用地近序

〔 参考文献 〕

邓春林. 2003. 西安文化发展研究. 西安：西安出版社.

冯桂林. 1998. 中国名城汉俗大观. 昆明：云南人民出版社.

傅功振，朱立挺. 2011. 红白喜事实用大全. 西安：未来出版社.

兰宾汉. 2011. 西安方言语法调查研究. 北京：中华书局.

李琰君. 2011. 陕西关中传统民居建筑与居住民俗文化. 北京：科学出版社.

孙立新. 2011. 户县方言研究. 北京：东方出版社.

孙立新. 2007. 西安方言研究. 西安：西安出版社.

孙立新，郭开选等. 2011. 关中民俗(西安文史资料第三十辑). 西安：陕西人民教育出版社.

王军虎. 1996. 西安方言词典. 南京：江苏教育出版社.

王连海，王伟. 2009. 民间玩具. 北京：中国文联出版社.

王友怀，孙立新. 2012. 西安民俗文化. 西安：陕西人民美术出版社.

吴培钧. 2009. 画说老西安. 西安：陕西人民美术出版社.

伍永尚. 2007. 原生态的西安话. 西安：西安交通大学出版社.

杨景震. 2003. 中国民俗大系 · 陕西民俗. 兰州：甘肃人民出版社.

张德丽. 2009. 西安文化论稿. 西安：西安出版社.

郑新民，郑可望等. 2012. 中国陕菜 · 官府菜. 西安：西安出版社.

朱立挺. 2007. 长安胜迹. 西安：西安出版社.

〔索 引〕

1.索引分“词条索引”和“图片索引”两种。

2.“词条索引”按条目音序排列。首字写不出本字的条目统一归入“其他”类，列在索引最后，并标出整个词的音。

3.“图片索引”按图号顺序排列。

4.条目或图名中如有方框，在后面标出整个词的音。

5.每条索引后面的数字为页码。

一　词条索引

二　图片索引

引言

壹　房舍建筑

贰　日常用具

叁　服饰穿戴

肆　饮食起居

伍　农工百艺

陆　婚育丧葬

柒　岁时节令

捌　娱乐艺术

玖　宗教信仰

〔后 记〕

本书以“中国方言民俗图典系列”（第一辑）的统一大纲和要求为基础编写，个别地方根据实际情况做了灵活处理。具体分工是，由三位著者共同拟定编写条目，柯西钢、朱立挺负责调查、拍摄、编写初稿，邢向东总成其稿。柯、朱两位前后拍摄了数千张图片，从中甄选了六百多张（极少数照片是由樊列武、孙立新、王润年、秦岭、张力、李亮、孙建国、慈灯等先生提供的），写成十几万字的文字材料。邢向东先后三次修改文字稿，核实部分民俗事象及具体情节，最后敲定条目、语言及图片的取舍。其间多次开会，商讨解决了编写中的一系列问题。除了调查时记音以外，还请西安灞桥人、陕西师范大学文学院兰宾汉教授对所有条目的读音进行了核实和审订。编写过程始终得到丛书主编侯精一、李守业、曹志耘先生的指导和关怀。

编写方言民俗图典，是对中华文化进行研究、传承和重建的大课题，也是前无古人的大事业。能够承担其中一册的编写任务，我们深感荣幸和责任重大。由于水平所限，经验不足，书中自然存在不少缺陷。希望得到方家和读者的批评指正。

编写过程中，最让我们苦恼的是，西安作为一个大都市，一些传统的建筑、技艺、服饰、游戏等以及承载它们的方言词汇，已经或正在快速地远离人们的生活，许多五十岁上下的人还记忆犹新的民俗事象，已经很难找到、拍到了。编完书稿，我们在为一些图片的付之阙如感到遗憾、惭愧的同时，更对老百姓生活的日益同质化感到无奈和忧虑。假如有一天，西安之于西安人，只能和外地人一样津津乐道于享誉世界的兵马俑、大雁塔和美味可口的羊肉泡馍、肉夹馍（以及能够满足口腹之欲的各种小吃），再加上早已逝去的十三朝古都，那真是莫大的悲哀了。但愿我们的忧虑只是杞人忧天。

在本书的编写过程中，得到下列单位和同人的鼎力相助，在此特致谢忱：

大唐博相府文化艺术酒店

关中民俗博物院

民俗学家，陕西师范大学文学院副院长樊列武先生

著名摄影家，陕西师范大学新闻与传播学院教授李泛先生

方言学家、民俗学家，陕西省社科院研究员孙立新先生

民俗学家，陕西师范大学文学院教授宁锐先生

语言学家，陕西师范大学文学院教授兰宾汉先生

西安市摄影协会副主席，长安区外宣办主任王润年先生

西安市摄影协会副主席，西安民俗摄影协会秦岭先生

陕西师范大学教职工摄影协会会长张力先生

陕西师范大学摄影协会副秘书长孙建国先生

摄影爱好者，周至县九峰乡赵龙先生

长安区子午街办南豆角村吴建业先生

陕菜网签约摄影师李亮先生

陕西师范大学研究生韩晓、方芳同学

此外，对参考文献中的各位作者，我们也表示由衷的感谢。

邢向东　柯西钢　朱立挺

2013 年 11 月 24 日于西安